認真生活
03

籃球
讓我成為更好的人

NBA球星賈霸回憶傳奇教練伍登
五十年亦師亦友的人生和教育啟示

COACH WOODEN AND ME
our 50-year friendship on and off the court

卡里姆・阿布都一賈霸（Kareem Abdul-Jabbar）／著
吳程遠／譯

國內外體育界、書評感動推薦

伍登教練和賈霸都相信，運動精神的培養就是教育的一部份，球場上的技能也能協助一個人、一個運動員在生活這場競技中全力以赴。

——好市多亞洲區總裁　張嗣漢

比起贏球，他更重視如何「為人」。這麼強調「為人」的伍登，卻是那個在十二年內帶領UCLA拿了十座NCAA冠軍的傳奇人物。

——富邦勇士籃球隊總教練　許晉哲

做為一個身高二百一十八公分的中鋒，當賈霸在場邊看著一百八十公分的伍登教練，他的視線必須是居高臨下的俯視，然而在人生之中，賈霸看向伍登教練的眼光卻經常是仰望的。更難能可貴的是，伍登教練一直走在賈霸的身旁，卻讓賈霸一直跟隨著他的腳步。

——《柯瑞平凡中的不一樣》作者／UDN聯合新聞網運動專欄作家　周汶昊

賈霸當年用必殺天鉤在籃球場上決定勝負，令人拍案叫絕；如今他用此書傳承伍登教練的人生智慧，記錄橫跨五十年的師徒情誼，令我熱淚盈眶。

——運動視界主編　楊東遠

「德」分，是伍登教賈霸最厲害的技巧，也讓賈霸成為NBA歷史上，得分最高的紀錄保持者。十九次入選為NBA明星，得分／上場前從穿好球鞋開始，德分。擁有六枚冠軍戒指，得分／賣掉四枚冠軍戒指支持弱勢教育，德分。為了成為最會為這個世界「德分」的人，我們需要讀這本書！

——台灣品格籃球協會創辦人／理事長　楊德恩

我知道爸爸是這樣看待賈霸的，沒想到賈霸也是這樣看待我爸爸。

——伍登教練的女兒　南恩．伍登

賈霸這本最新著作寫得真好，我被它迷住了，獲得啟發，並讀得很開心，文句比他的天鈎指尖所送出的球還流暢。

——NBA名人堂　比爾．華頓

作者以優美的方式，對一個豐富了自己生命的人表　深刻的感激。

——Kirkus 書評

賈霸和伍登的友誼是無價的，透過敏銳、精確的書寫，把這段友誼完整且生動地表露出來。

——Booklist

這段讓人驚艷的回憶，一樣也會感動非運動界的讀者。極力推薦！

——Library Journal

推薦序一

運動精神就是人生教育的一部份

張嗣漢 好市多亞洲區總裁

對每一位教練和球員來說，美國UCLA伍登教練和NBA名人堂球星賈霸，就是偉大的籃球精神代表。

約翰．伍登，也就是人稱的「韋斯特伍德（Westwood）的巫師」，以及路易斯．阿爾辛多，後來改名叫卡里姆．阿布都─賈霸，他們兩人改變了我們看待球賽和球員的眼光。如同書中提到的，伍登教練強調的是平實的打球技巧，以及團隊間互相協助的精神。對於他來說，成功不是贏得球賽，而是全力以赴的態度。伍登教練非常照顧他的球員，幾乎把他們未來的人生視為自己的責任。無論是在場上或場外，在書中你會讀到，伍登教練是多麼嚴守自己身為教師以及教練的職業道德。到了他九十八歲獲選《體育新聞》雜誌的美國體育史五十位頂級教練（名列第一）的宴會上，雖然他的學生、球員各個都是不同領域的菁英了，有運動員、有律師、有醫生、有企業家，但他心中依然放不下他們：「我真的很抱歉，我未能做更多來幫助你們。」

身懷必殺絕技「天鈎」的賈霸，不只是NBA最佳得分球員，除了運動外，他也是一名知識份子，涉獵的領域也很廣泛。在賈霸打球的那個年代，非裔美國人經常受到種族歧視的不平等對待，而賈霸在學生時期，就極積參與各種街頭運動，甚至在他從NBA退休後，寫了不少關於種族議題的書，目的就是希望社會正視種族平等。

伍登教練和賈霸都相信，運動精神的培養就是教育的一部份，球場上的技能也能協助一個人、一個運動員在生活這場競技中全力以赴。從伍登教練嚴謹的生活態度，以及賈霸捍衛種族平等的勇氣，這就是最好的說明了。

相信你會喜歡這本書，而且一定會從中得到持續前進的勇氣。

推薦序二

愛，大於籃球

許晉哲　富邦勇士籃球隊總教練

「勝利需要才華，連勝需要品德。」身為一名籃球教練的我，沒有道理不崇敬說出這句至理名言的傳奇教練約翰．伍登；更何況，這本書《籃球讓我成為更好的人：NBA球星賈霸回憶傳奇教練伍登五十年亦師亦友的人生和教育啟示》由另一名傳奇賈霸所撰寫，身為籃球人、秉持籃球魂，這本書的字字句句，都敲打在心、鏗鏘有力。

賈霸筆下跨越了時間和空間：五十年、場上、場外。不少人想到籃球教練，會以為這只是「教人打籃球」的職業，其實不然；各種職業運動的背後，象徵的都遠超過運動場上的那幾十分鐘、那一瞬間，事實上職業運動代表的是一幕幕的人生。

作為一名教練，乘載的使命絕對不只是勝負，而是「教育」。聽起來好像很八股，但一路走來的執教經驗告訴我，只有心正了，結局才可能邁向勝利。

所以我很喜歡伍登這名教練說過的許多名言，其中最著名的就是這句：「勝利需要才華，連勝需要品德。」上天給予很多人突出的天賦，讓這些人脫穎而出、年少得志，但經過時間的洗禮以及困難的考驗，能長時間維持顛峰的球員並不多。太多的曇花一現毀於脫軌的態度，不少的天賦異稟最終只能落寞地能讓人嘆息。

在賈霸的文字中，可以從許多小故事看出伍登這名教練的鐵血原則，但也同時透露出他為人的溫暖。伍登自己定義過「教練」兩個字：「教練的主要功能不應該是訓練出更好的球員，而是訓練出更好的人。」所以身教大於言教，守時、打好基礎、有效訓練等規範，伍登自己也會做到；但相對地，他也要求球員把家人放在第一位。書中我印象最深刻的就是，他清楚地告訴眾人「生活」的組成要素，籃球並不是最前面的，先顧好了家人、宗教信仰、學業、教育、學校，接下來才是「我們一起打打籃球」。

驚訝嗎？不。比起贏球，他更重視如何「為人」。這麼強調「為人」的伍登，卻是那個在十二年內帶領UCLA拿了十座NCAA冠軍的傳奇人物。

看到這裡，不少人可能會覺得伍登與賈霸就是「人生勝利組」的相遇，並不適用於一般人的世界。但我推薦本書的原因，還有一個。如同前面所言，這是一本跨及五十年時間軸的故事，等於是兩個傳奇人生的精華，當然，也就少不了走下坡、遇挫折的情節。

如果說這本書看到最後會眼眶泛淚，真的不為過。當你漸漸地讀進第六章、第七章的人生尾端時，確實會感到哀傷。但其中那更濃烈讓人想哭的原因卻是悸動，你會感受到他們兩人不再只是因籃球互相依賴，而是已經分不開彼此的家人的那份溫度。他們人生片段中讓我印象深刻的，是伍登陪伴賈霸走過母親過世的悲痛，給他平實的字句、帶他走出最傷痛的時空。我不禁回首自己還尚淺短的執教歷程，如果未來我也有這樣一位少了籃球也分不開的弟子，的確讓人稱羨。

如果你也真心愛籃球、而且是愛到已經融入人生，讀完本書後相信你一定會跟我一樣，覺得這不是一本「教學書」，而是能夠讓你沉浸在賈霸與伍登的奇幻世界、見識更多人生哲理的好書。

推薦序三

不完美中的完美共鳴

周汶昊　《柯瑞平凡中的不一樣》作者／
UDN聯合新聞網運動專欄作家

不確定為什麼你會拿起這本書，但可以肯定的是當你讀完放下的時候，將會經歷一段難以言喻的旅程。

這是一本關於兩個人、兩個世代、兩個世界、兩個種族，和兩種意義的書。在伍登教練和賈霸這兩大籃球傳奇人物之間，存在著相差近四十年的兩個世代，他們共同生活在籃球和人生兩個交錯的世界裡，試著穿過黑白兩個種族的文化隔閡和價值差異，追尋著完美和不完美的兩種意義。

賈霸是誰？伍登教練又是誰？不看籃球的人根本不知道，即使看球的人也不見得會知道。傳奇球星「天鈎」賈霸在一九六九年到一九八九年之間在公鹿及湖人拿下了六座NBA冠軍、六次例行賽MVP、兩度決賽MVP、十九次入選全明星賽，更以三萬八千三百八十七分成為NBA史上第一的得分王，而他二十年職業生涯的輝煌，正是伍登教練為他打下的基礎。

做為美國大學籃壇史上戰績最輝煌的總教練，伍登教練在一九四八年到一九七五年執教UCLA加州大學洛杉磯分校期間，一共拿下六百二十勝，十次全國總冠軍，其中包括絕對空前及可能絕後的七連霸，賈霸也在伍登教練的帶領之下連三度登頂，連續三年獲選全國最佳大學球員及最後四強最佳球員。對於美國大學籃球來說，伍登教練代表的不只是一個全盛的時代，也是教練的典範，而伍登教練的「成功金字塔」，更是被籃球及企管人士引為領導學的圭臬之一。

從歷史的紀錄去了解兩人的過去，才能知道他們之間的對話為何有這麼重的份量。

許多人不知道賈霸從球場退下來之後致力寫作，持續書寫著籃球和有色人權議題，至今已出版十五本書。也很少人知道伍登教練不只是籃球教練，也曾是英語老師，在教球之外，他也寫了非常多關於領導及成功人生的書籍。身處籃壇之巔，兩人都用自身的籃球高度，將他們文字的力量拉升到最高點，去影響更多的人。伍登教練曾說，他這輩子收到的信大半都來自於球員，很少來自於他英文班上的學生。而賈霸這本書，伍登教練在有生之年不曾得見，但卻可能是賈霸寄給他人生導師及籃球教練最重要的一封信。

這對可說是全美大學籃壇最重量級的師徒組合，在美國的知名度就像當年NBA芝加哥公牛的籃球禪師及飛人喬丹，或是當世金州勇士的柯爾及柯瑞，但伍登教練和賈霸之間的個人情感和時代意義，卻是他人所不能及。一九四七年出生的賈霸，從他十七歲第一次見到了五十五歲的伍登教練開始，兩人的生命軌跡始終緊密交織，即使當年的少年也已年老，兩人在對方心中的份量卻只有更深。

高齡九十九歲的伍登教練於二〇一〇年去世，而賈霸又等了七年才動筆完成這本書。已經七十歲的他，似乎是等了一輩子才開始寫這本書，因為賈霸說他要花五十年的時間才寫得出來，唯有在累積了一生的感情厚度和了解之後，總算成熟的他才能從這五十年的相處之中凝鍊出最誠摯的覺察和體悟。書中每一個故事都符合了外人的想像，但又超脫了一般作者習慣造神般的推崇，賈霸用最真實的筆，將師徒每一刻的交心和衝突都重現出來。有些事甚至是在伍登教練逝去多年之後，賈霸才意外發現教練當年曾默默為他所做的付出。原來，伍登教練即使已不在他身邊，卻依舊影響著他。

伍登教練是一個什麼樣的人，對這一代的讀者來說，只能像瞎子摸象一樣，從各種不同的作品當中去各自解讀。也許從他的學生和球員眼中去看他，即使是瞎子也能從黑暗中睜眼，一窺全豹，但從沒想到的是，從賈霸的眼中去看伍登教練，竟會是如此動人。無論是局部的大象還是全貌的豹子，對賈霸和其他許多親炙伍登教練風範的人來說，更貼切伍登教練的形容詞其實是溫柔的獅子。

幾年前曾經翻譯過一本伍登教練的書《團隊，從傳球開始》，這隻別人眼中溫柔的獅子，在書中從未主動提到太多有關自己的事。這就像伍登教練，說自己的事目的只有一個，就是為了給別人力量。而賈霸這本書，除了像是一面鏡子照映出了真實的伍登教練，更讓人看到了那鏡子之後伍登教練沒有說的一切。伍登教練在自己的書中也常用賈霸當做例子，說了許多賈霸不為人知的故事，這不是兩人的相互標榜，卻像是一種認定的默契。因為這些故事當中，有著太多兩人的不完美。很難想像，溫文儒雅、絕不肯說別人壞話的伍登教練，曾一拳揍了對手教練的鼻子。也很難相信，伍登教練一開始根本不知道該怎麼用賈霸這麼高大的球員來贏球。過去的他們，就像是被神格化的傳奇英雄組合，但從兩人的書中才知道，兩人其實不是在相遇的第一天就合拍、在合作的第一秒就無敵。

人總是習慣造神，追捧心中的英雄，然後發現自己無法接受高大燈塔下隱藏的陰影，不敢正視破壞完美的污點，以及那犯了錯的真實。賈霸打開了自己內心封藏多年的檔案櫃，用一個接一個的故事，說著自己和伍登教練的不完美。伍登教練曾說，成功不是結果，而是過程。事實上，賈霸用這本書證明，在不盡完美的過程中，才能找到完美的結果。

書中關於不完美的故事太多，每一個都有它深厚而不可思議的底蘊。無論是伍登教練如何兩度騙過死神，還是他對過世妻子奈麗的思念及深情，或是關於空中接力灌籃的由來，從人生到籃球，每一個和伍登教練有關的故事，都教會了賈霸和後世不只一件事。這篇序文無法一一窮盡，更不願事先劇透，但想像一下，當你自己遇到下面三個問題的時候，你會如何作答，再試著猜想伍登教練又會如何答題：

第一道題是關於品格。當你投入職場工作，得在兩家公司之間做出選擇而左右為難。A公司離家近，工作環境又好，另一家B公司則是又遠又舊，條件不佳。A公司是你心裡最想去的地方，但在你已經答應要去B公司上班之後才發現，原來A公司也提出了相同的條件給你。這時的你該不該反悔？你究竟該去哪裡上班？

第二道題是關於價值。美國大學籃壇是個特別的人力市場，無論強權或是弱隊，要想維持競爭力或是改變排名地位，就必須要搶到市場上最棒的新秀球員。你若是大學校隊的總教練，這個責任就落在你身上。當你要說服一個天才高中生加入自己的球隊時，你會討論他的場上數據還是學業成績？你會重視他的天賦還是他對父母的態度？你會強調自己會讓他變成更好的球員，還是更好的人？

第三道題是關於感情。當你的好朋友受到了一位老太太無心的侮辱，而受到了傷害的時候，你想要保護你的朋友，但也不忍出口斥責那位老太太，你心裡極為難受，認為自己該做些什麼，但卻不知道該怎麼說出口，你怎麼辦？

關於這三道題，賈霸在這本書裡寫下了伍登教練的答案。你不見得會接受他的答案，也不一定會認為應該照著做，但你會發現伍登教練答題的思路正是他之所以讓人難忘的原因，更難得的是他用一輩子的時間去實踐他的答案。

在這本書的開頭，賈霸用了兩張合照勾起了兩人相識一頭一尾的兩個端點，接著用一字一句的內心獨白及日常對話，串接起了五十年的師與生、教練與球員、老與少、白與黑、死亡與生命、人生與籃球之間所有的完美及不完美。這兩人的對話，就像雙人合奏的爵士樂，在有架構的自由當中彼此隨興發揮，就像在球場上的合作，也像在人生中的相濡以沫。做為一個身高二百一十八公分的中鋒，當賈霸在場邊看著一百八十公分的伍登教練，他的視線必須是居高臨下的俯視，然而在人生之中，賈霸看向伍登教練的眼光卻經常是仰望的。更難能可貴的是，伍登教練一直走在賈霸的身旁，卻讓賈霸一直跟隨著他的腳步。

究竟這些看似不可能並置的一切，是如何合拍地相互共鳴？在這書中就有答案。伍登教練喜歡引用馬克吐溫的名言，認為說正確的話和差不多的話之間，結果有如閃電和螢火蟲的差別。伍登教練和賈霸都努力讓自己說的話像是閃電，而這本書在讀者心中共鳴出來的力量，正如閃電般震撼和耀眼。

這篇序文只是個螢火蟲，而接下來的內容才是閃電。雖然不知道一開始你為何拿起這本書，但若你願意繼續看下去，或許你的人生會由此照亮出不同的方向。

謹向伍登教練的家人致敬

——來自一個被接納為伍登家族一員的衷心感激

目次

推薦序一　**運動精神就是人生教育的一部份**　張嗣漢　007

推薦序二　**愛，大於籃球**　許晉哲　009

推薦序三　**不完美中的完美共鳴**　周汶昊　012

前　言　**為甚麼這本書花了五十年才寫出來**　023

第一章　**不同世界碰撞時：當美國中西部鄉巴佬遇上哈林籃球精**　031

我將照片拿起來湊近我的臉仔細地看，很想回到那一刻，我一直沒忘記的特別時刻。伍登教練看來很虛弱，背有點病僂，柱著拐杖。但儘管如此，照片中他的姿態依然透著一種堅毅——照例地頭上每一撮頭髮都整理得服貼完美。雖然突如其來的憂傷使我喉嚨哽咽，我仍任由自己的思緒漂回去當時那一刻……

第二章　**球賽，進行中：重點從來都不是為了要贏＋其他籃球場上的教訓**　075

伍登教練的印地安那鄉巴佬腔調鼻音濃重，但他神情之氣勢凌厲，使他講的話有種聖經似的份量。「你生命中第一重要的是家人。第二是你選擇的宗教信仰。第三是你的學業：

你來這裡的目的是接受教育。第四，無論你在哪裡以及無論你做甚麼，永遠別忘了你代表著這家偉大學府。第五，剩下來的時間，我們就打打籃球。」他眉毛一挑：「有問題嗎？」……

球場上，伍登教練的發號施令與我的衝鋒陷陣可謂合作無間，十分順遂。而我們長達幾十年的友誼之間，友愛和尊敬也毫不費力地流動著，簡直像一對水上芭蕾表演者或音樂劇的舞者。可一旦牽涉到種族問題，我們就找不到一個舒適的平衡點，立刻有點全身發癢、坐立不安……

伍登教練比那種刻板印象的典型人物複雜多了，其實我和他皆有此特性，分別在於，我身處滿是敵意的公開論壇中，與刻板的種族偏見對抗；而他則隱藏幕後，用實際行動靜靜地打他的仗，大眾鮮少與聞……雖然我和他也經常意見相左，但這些議題反而將我們距離拉近……

當時我沒搞清楚的是，我以為只是成為一個好球員的實用知識，其實是伍登為我們打下往

前言
為甚麼這本書花了五十年才寫出來

二〇一六年十一月二十二日，我站在白宮東翼裡。在我身邊，是二十位蜚聲國際、成就非凡的名人，每一位都是我萬分景仰的，他／她們包括了：著名影星湯姆・漢克斯、勞勃・瑞福、名歌星戴安娜・羅絲、籃球大帝麥可・喬丹、脫口秀主持人艾倫・狄珍妮、微軟的比爾・蓋茲和他夫人梅琳達、名歌星布魯斯・史普林斯汀，以及西西莉・泰森和勞勃・狄尼洛等兩位大明星。

還有一個傢伙，那就是美國總統奧巴馬。

這一天，奧巴馬總統給我們每個人頒授總統自由勳章，只不過輪到我時，我必須稍微蹲下來，才能讓他將勳章掛到我脖頸上。他簡短地講了一些話，讚揚我們對美國的貢獻。提到我時，奧巴馬總統對我的慷慨稱讚使我不由自主地顫動了一下。

頒獎典禮永遠使我感到渾身不自在。當然我十分感激，因為我：一、做了某些意義重大的事情，以及二、還活著，而被別人記得，可是我總覺得頒獎典禮有點自我膨脹，讓我十分尷尬。我天生內向易害臊，不喜歡談論自己。我是那些在派對中躲在棕櫚樹盆栽後面的傢伙——但那必須是棵十分巨大的棕櫚樹！我特別感激奧巴馬總統提到的：我之所以站在台上，並非只因為我的籃球生涯，也因為十七年來我寫下的文章和書本，為社會上遭受不平等對待的有色人種、女性、LGBT人士（指女同性戀、男同性戀、雙性戀、變性人）、穆斯林以及移民等發聲（他說我「……在國會推動、也利用他非凡的文采書寫愛國主義」）。但一個想法隨即襲上心頭：如果社會中沒有這些不平等，我還會不會獲頒這個獎章？我是不是從社會的不平等得到好處？那是種什麼樣的怪物呀！

誰會一邊等著領取美國頒給平民的最高榮譽獎項一邊卻想著這些事？為什麼我就不能夠滿懷感恩、微笑地想「總統自由勳章耶，好酷」？

典禮快結束時，奧巴馬總統說：「台上諸君均曾給我帶來強大的衝擊和激勵。協助形塑我成為今天的我的，正是你們諸位。」就在那一刻，我突然明白為甚麼我會覺得那麼不自在。

缺了一個人。

那個我一生中最重要、協助形塑我成為今天的我的人，他正是為甚麼今天我能夠站在這個位置的原因，而十三年前，他也站在我此時此刻的同一位置，領同一個獎章呢，當時是由小布希總統頒授總統自由勳章，約翰·伍登教練是其中一位獲獎者。我還記得小布希總統特別提到伍登教練和他眾多學生的關係：「伍登教練成為了他們生命中的一部分，在球賽中是他們的老師，但他更以身作則，示範如何當個好人。」

看著觀禮眾人為我們鼓掌，我真希望教練也坐在觀眾席上。他在加州大學洛杉磯分校（UCLA）給我的循循善誘只不過是個開始。接下來的四十多年，我們建立起越來越親近的友情。勝利時我們一起慶祝，遇到黯淡悲哀的時刻也會互相扶持。隨著我長大成人，加入職業籃球世界、結婚、生子、失去親人、退休，接著轉換生涯軌道，伍登教練的影響總是縈繞在我的周遭。即使在那一天，總統勳章沉沉的掛在我脖子上時，我也知道他會跟我說的話：「卡里姆，別想太多，享受此時此刻吧，別讓昨天占據了太多的今天。」

環視站在我左右兩旁的成功人士，我不禁猜想，他們生命中是否也曾經碰到過一位伍登教練，用奧巴馬總統的話來說，「協助形塑成今天的」他／她們。但願如此，因為要不是伍登教練，我的生命鐵定少掉許多東西。少掉許多歡樂，許多意義，更少掉許多愛。

隨後的招待茶會上，我的業務經理黛博拉·莫拉雷絲問我，得到如此聲望崇隆的榮譽感覺如何。

「酷，」我說，想起之前的自我提醒：放鬆一點吧。

她笑起來。「大作家呀，只有這麼一點點感想嗎？」

我沉思了一下，尋找一些文采豐富、自命不凡的誇張說辭，「『在歡樂笑聲中，讓皺紋來臨吧。』我感到歡欣。」

黛博拉碰了碰我的手臂。「你又在想他了，對不對？教練。」

我驚訝極了，眉毛揚起。「你怎麼曉得的？」

「你怎麼不會想著他？就是他才有這一切啊。」她環顧房間內的眾多名人，做了個手勢來強調「這一切。」「加上你在引用文學句子，就像他習慣做的。每次這樣做時你都是在惦記著他。」

伍登教練於二〇一〇年逝世。那為甚麼我等了七年才寫這本書呢？

正正因為，我們將近五十年的友誼當中他教會我的一些道理。在UCLA替伍登教練打球時，他是心到手到的。他會在球場邊線上跟我們同步跑上跑下，大聲咆哮著，講些鼓勵的話、發號施令。接著他會把某個球員叫到旁邊，給他示範某一球應該如何投、如何擋拆、掩護隊友或做假動作。這時他的臉往往離我們只有幾公分遠。但偶爾他會跑到波利場館觀眾席最高處，甚至一伸手都可以摸到屋頂，從那裡彷彿一位慈祥的天神般，往下看著我們在球場上跑來跑去。他很喜歡這個新鮮角度，讓他看到整體大局，看到所有移動著的部件如何合縱連橫，成為團隊。

面對幾十年的友誼，我也需要採取同樣的方法。我必須走過自他過世後的七年光陰，回頭俯瞰這一切的意義，才能衡量他對我和其他人帶來的衝擊到底有多大。這本書就是由此而來的觀點。我大可以在剛離開UCLA時就寫一本關於他的書，或當我從職籃退休時，又或者當教練剛過世時寫。但那樣的書不會是這一本。這本書涵蓋了橫跨快五十年、不斷演化著的友誼，透過一雙終於夠老夠成熟的眼睛，看懂了這段友誼的真諦。從前的我太年輕了，體會不出其中真理。

伍登教練給我們最重要的一課，是永遠不應專注在結果上，而應該專注在活動或過程本身。「不要老想著贏球，」他會說。「而是要盡力做好一切準備。只要你清楚自己已經竭盡所能，在球場上也已全力以赴，那就是你得到的獎賞了。記分板是毫無意義的。」無論是作為英文老師或是籃球教練，他都依循這哲學來行事，這思想則來自他大學時期讀到的一首不知由誰所寫的詩：

在上帝的墊腳凳前
可憐的靈魂跪下低頭懺悔

「我失敗了，」他哀嚎。

上帝說：「你已盡力，那就是成功。」

只想著將他的籃球哲學應用在贏過別人，就好像做好事的唯一原因是希望由此可以上天堂，同樣的存心不純淨，他認為做到最好已經是回報，無論就體育技能或精神上的角度皆如是。這是為甚麼他不愛看運動電影——電影中被看扁的運動員或隊伍歷盡艱辛、終於學會了勝利並不代表一切之後，最終還是安排他們贏得比賽。對伍登教練來說，大家學到寶貴教訓的時候電影就該結束，球員懷著新近學到的智慧，快樂地踏到球場上，裁判鳴笛，球賽正要開始之時，畫面就應該凍結在那裡，可以開始跑演員表和工作人員的字幕了。他認為，讓居於劣勢的黑馬贏得比賽傳遞了錯誤的訊息：生命中諸般教訓的功能，只是讓你取得一些「感覺上似乎是成功」的東西嗎？他的重點卻是：生命中學到的教訓就是成功。旅途已是獎賞，而不是最後抵達的終點。

這本書的用意不單是對我們的友誼表示感激，或敘述伍登教練對我這一生的深遠影響，而更是一種醒悟：有些人的生命是那麼的特別，影響了那麼多的人，他們的生命故事必須被代代傳頌，免得這些寶貴的價值受到減損甚至全被遺忘。

教練是來自美國中西部的典型白人，擁抱許多傳統的理想；我則是一個安靜但傲氣衝天的黑人小孩，來自紐約市，像個巨塔般比他整整高了十八吋（約為四十六公分）。他是個虔誠基督徒；我後來成為虔誠的穆斯林教徒。他喜愛搖擺年代的華麗大樂團音樂；我則喜歡近代爵士樂。就紙面上來看，可以理解，作為教練和球員我們關係良好，但這紙面上可沒有任何一絲線索顯示我們之間會孕育出一段長達一生的友誼。

教練最愛讀的小說是道格拉斯的名著《聖袍千秋》，講的是耶穌被釘上十字架的故事。他多次反覆閱讀，隨時引述小說中的句子。他特別喜歡以下的一段：

> 我們的生命仿似在陸地上旅行，長期走在平坦的平原會覺得太簡單和沉悶，遇到陡峭上山路則又太困難和痛苦；可是，登上高山頂端時，看到的盡是壯麗景觀——你感到高興——眼裡盡是快樂的淚水——你想高聲歌唱——你會希望有雙翅膀！接下來——你無法停留在那裡，而必須繼續你的旅程——你必須開始從另一邊走下去，由於忙著注意腳下步伐的安全，以致連你登頂的經驗都拋諸腦後了。

在我們的友誼之旅上，教練和我爬上了那高山，分享壯麗的景色。這本書是我想確保我們登頂經驗不會被遺忘的嘗試，並且希望其他人也因此被激勵，嘗試爬上那座高山，體會到那種快樂、熱淚盈眶。

第一章　不同世界碰撞時

當美國中西部鄉巴佬遇上哈林籃球精

教練的主要功能不應該是訓練出更好的球員，而是訓練出更好的人。

——約翰·伍登

幾年前我在維珍尼亞州的尚蒂伊市，坐在一張桌子後面，替球迷在各種體育紀念品上簽名。簽名會不是那麼容易應付的，每當我抬起頭來，總會看到數以百計的球迷很有耐性地站著排隊，等上一個多小時只為了跟我互動個十秒鐘。有些人想鉅細靡遺地告訴我，看我打球如何成為他們和父親凝聚親情的共同經驗，又或者想告訴我一九七一年在波士頓我拿下五十分的那場球賽他們也在場。有些人只想模仿我在電影《空前絕後滿天飛》裡說的對白：「我的名字叫羅傑．莫杜克，我是副機師。」看到他們如此樂在其中，我總被逗得笑起來。我盡量參與他們的故事，但也努力維持隊伍流動。看到長龍尾巴處有位年紀較大的男人在排著隊，身上穿的是古早以前的UCLA球衣，不禁擔心他還能站多久，於是加快簽名速度。

再簽了大概半小時，一位戴著湖人隊帽子的男子將一張組合而成的照片放在我面前。

「看到沒？」他問我。

我拿起照片仔細地看。只不過一秒鐘，感覺心臟抽動了一下下。

那裡有兩張照片，以並排方式置放，兩張都是我和伍登教練的合照。此時伍登教練已在兩年前過世。照片我以前都看過，但從未看過它們被這樣排列起來。那效果令我震驚到忘記了維持隊伍移動，甚至忘記了那位穿著UCLA球衣的老先生了。左邊的黑白照攝於一九六六年，情境是經過設計的，拍攝地點是UCLA波利球館的中央球場上，其時波利球館才剛蓋好沒多久。伍登教練身體粗壯、臉色紅潤，穿上黑色西裝還打了領帶，在另一個平行人生他可能是個四處流浪的牧師。我則穿上練習球衣，目光熱切、全神貫注地看著他假裝為我示範某個動作。我知道照片攝於我念大二的一九六六年，因為那時我趕時髦留的爆炸頭有兩吋長，前額都被蓋住了。否則單從伍登教練的裝扮我是估計不出年代的，一如以往，他的灰髮在左邊分界，界線直得仿似用直尺壓在頭上梳出來的。這肯定是張刻意拍攝的宣傳照，因為雖然他總是一板一眼地，卻永遠不會打著領帶來練球。訓練是用力氣工作的時候，領帶只有在比賽或坐辦公室時才會掛上。

右邊是一張彩色照片，拍攝地點也是在波利球館，但那是偷拍的。而到了這時中央球場已以伍登教練和他夫人奈麗的名字來命名。照片攝於二〇〇七年一場球賽之後，跟另一張的年代相隔足有四十年。照片中我們倆手牽手離開球場。他還是穿了一套黑西裝，但好像有點太寬鬆，傳統的領帶不見了，教練脖子上綁的是用了一塊巨大綠松石的波洛領帶。他生命的最後幾年喜歡繫波洛領帶，原因是他愛看西部片，我和他就曾經一起看過很多部西部片，度過很多快樂時光。照片中的我穿著牛仔褲、皮外套、銀色的巨大皮帶扣，好像應該再加一個槍套呢。好一對亡命之徒！

我將照片拿起來湊近我的臉仔細地看，很想回到那一刻，我一直沒忘記的特別時刻。

他看來很虛弱，背有點痀僂，柱著拐杖。但儘管如此，照片中他的姿態依然透著一種堅毅——照例地頭上每一撮頭髮都整理得服貼完美。雖然突如其來的憂傷使我喉嚨哽咽，我仍任由自己的思緒漂回去當時那一刻。

那場球賽結束後，我趕著要離開，頭低著，故意對周遭一切視而不見，好像越獄犯，生怕被其他人攔下來，一旦被攔下來，無可避免的就是一群人會圍上來。每次這樣快步穿過人群我都感到有點愧疚，好像個不知感激的傢伙。然而如果我慢下來，帽子啦，場刊啦，以及球衣等等全都堆到我面前索取簽名，至少一個小時後方可脫身，再一個小時後才能抵家呢。而有些時候我就是想趕快回家。

但突然我聽到這個熟悉的聲音，令我不得不停住腳步，無法逃脫。「嘿，卡里姆。」我轉過身來，臉上掛上大大的笑容。「教練，」我說，「好嗎？」身子彎過去擁抱他，但我這樣做時，他拉起我的手緊緊握住，小小手掌跟我的比起來好像小孩子的。

「還不錯，」他說。然後好像有點歉意地加上一句，「卡里姆，可以麻煩你幫我一下嗎？」

他握我的手不全然為了情感上的因素，而是需要我協助他走路。他也信任我不會大驚小怪。

「當然可以，教練，」我說，彷彿我們已經這樣走過幾百次。

我們就那樣一同離開球場。球迷大聲嚷嚷，「嘿，教練！」或「唷，卡里姆！」但沒有人前來攔堵我們。他們明白不應跑來阻擾教練緩慢但堅定的步伐。真正的球迷對這類事情都有種第六感，知道甚麼不該做。

我陪著他慢慢穿過球員及工作人員專用隧道，他女兒南恩在那裡等他。我抱了她一下，再次擁抱伍登教練，有點小心翼翼地，然後說再見。

結果，這是我倆最後一次同時置身於籃球場上。開車回家路上，我以為自己會感到悲傷，需要打開音響，聽點邁爾士·戴維斯的音樂以助我壓下激動的情緒。但意外地我並沒有覺得太悲傷。他幫過我太多次了，剛才能夠出手協助他，我內心滿是歡喜。陪著他走過球場，我感受到的是柔和、親切及呵護，而非憐憫或悲哀。我微笑起來。

我伸出手指撫摸照片，彷彿可以再碰觸到他，最後一次吧，像那個晚上那樣幫他一下。我不是那種容易多愁善感的人，可是教練永遠把我這一面帶出來，甚至眼前此刻。他的黑色西裝和手杖讓我想起查理·卓別靈電影裡令人難忘的流浪漢，無論生活中遇到多少困難和阻礙，依然快樂地走下去。照片中我們也這樣克服困難走下去，過去快五十年就是如此走過來。

當下，我坐在桌子前呆望著照片出神，那兩張照片正好代表了我人生中最有意義的一段友誼的一頭一尾。我清了清喉嚨才說話。「不，我沒看過這些照片，」我跟那位將照片放我面前的男人說。「但十分感謝你。」

我在照片上簽名後他便繼續往前移動，全然不知道他的十秒鐘對我的衝擊。下一位球迷站到我面前，我幫他在照片上簽名，接著又到另一位，直到那位穿著舊UCLA球衣的老先生站在我面前。他跟我握手，問道：「你覺得湖人隊今年有辦法出頭嗎？」我握著他的手，想到教練的手，輕柔且脆弱有如細小的蜂鳥，回答他：「希望如此啦。」

湊巧又恰當的是第一張為黑白照，精準定義了我們當時才開始了不久、有點死板的關係。照片中他帶領著我，他是教練，我是他的球員。他訂規則，我遵從規則。黑與白分明，互相尊重但並不溫暖。另外也很恰當的是，我們乃是擺好姿勢來拍照的，兩人看來彷似櫥窗裡的人型木偶般僵硬，好像我們的角色有點牽強、硬被湊到一起，在照片中如此，在人生中也如是。

第二張照片豐富溫暖的色彩以及真情流露，則比較準確地反映出我們兩人友誼的深度。我們的手——一隻衰弱一隻強而有力，一黑一白——緊纏在一起。他已全白的頭勉強只到我手肘的高度，可我站姿既挺拔又驕傲，好像展示著自己的英雄老父般。在那張照片中，乍看之下我帶著他走路，但天知道他教會了我多少東西，事實上我依然在跟隨他的腳步，儘管他走在我身旁。

教練坐鎮球場邊線、思考下一步策略時的經典表情。（照片來源：George Kalinsky）

伍登被譽為美國體育史上最偉大的教練，也被稱為「韋斯特伍德（Westwood，UCLA所在地）的巫師」（他恨死這稱號了），為的是他擁有前無古人的取勝之道。一九七五年退休前，他曾為UCLA帶來十座全美大學籃球冠軍盃，其中七座乃是連續七年奪得，一度連贏八十八場球賽，因此被選進籃球名人堂。他極之引以為傲，雖然我從沒聽他提起過，他是歷來第一個先以球員身分、之後又以教練身分被引入名人堂的人。他為了教導我們如何活得恰意、擁有豐富人生而設計出來的哲思——即「成功金字塔」——成為了極受歡迎、廣泛被應用的勵志工具。他訓練球隊的心法被全球各地的高中和大學採用，甚至連大企業也將他的想法用在訓練員工上，以建立起更佳的團隊。他的影響力遠遠超越那九十四呎×五十呎的籃球場，雖然他一生的時間，絕大部分都花在籃球場上。

但對我來說，他不只是個籃球大師而已，他也是我的老師、朋友，而且雖然從來沒正式告訴過他，事實上他是我的學習榜樣。

他和我一起贏過三次全美籃球錦標賽，在那三年間我每一年都入選全美明星隊，還創造了許多紀錄。如果在另一位教練麾下，也許我會創出更多紀錄，但我在UCLA創的紀錄，全是為了球隊贏球，不是為了個人。我把從他學到的這一套帶到職業籃球，結果表現夠好，終於得以進入名人堂，和伍登教練肩並肩。

我們的關係開始於籃球，但後來籃球變成最不重要的部分了，隨著我們分享共同的世界觀和價值、我複雜的愛情以及我們分別碰到令人悲愴的親人離世，還有永遠覺得沒弄懂這世界是甚麼一回事、努力尋找在這世界中的定位等等，使得我們的友誼持續發展、茁壯。到了他的晚年，我經常陪他待在他家裡，安靜地盯著他那小小電視機，看西部片或棒球賽，重溫和他一起時感到的舊日溫馨。就那樣，待在他的舒適小窩裡，長日慢慢過去，我又再度覺得可以回到外面世界，面對另一天了。效果有點像上教堂。

第一次遇見伍登教練是一九六五年三月的事，那時我到各大學面談，決定要到哪裡唸書和打球。他在UCLA的辦公室乃是設在一個二次大戰的鐵皮軍營內。我看著鐵皮屋圓頂反射過來的洛杉磯耀眼陽光，心裡不禁擔心校方連像樣點的教練辦公室都無法提供，而要將他們塞到軍營裡。可同時也覺得這樣蠻酷的，好像科幻電影裡太空人在火星上蓋的房子，保護他們免被突變的巨大蜘蛛侵襲。看了那麼多小時的電視和書，我就是有本領看到甚麼都能維持浪漫情懷。

附近還有幾座類似的鐵皮建築，好像雞蛋般緊鄰著韋斯特伍德大道。走向鐵皮屋的路上，我看到許多從沒見過的奇特花朵，在春日午後燦爛迎人。「那些是澳洲木麻黃，」我的校園嚮導指著一些植物興高采烈地說道。「這是棘樹，另一邊的是牛舌草。那些是臘腸樹，源自非洲。」她微笑，好像跟非洲有關就會影響我選擇UCLA。非洲臘腸樹？真的？

總之，這是我除了在紐約中央公園以外看過最多植物的一次了。其實我早已知道我會選擇這裡的。上個暑假，我不小心被困在哈林區的一場暴亂中，子彈在我身旁飛來飛去。憤怒的抗議人群聚集在警察局外，要求他們就吉力根警官槍殺十五歲的黑人小孩鮑威爾事件作出解釋。後來群眾四散開來，到處放火和打爛商店櫥窗，有人趁機搶掠。我跟其他哈林人一起逃跑，頭低下來，努力成為小一點的目標。但就算我拚命彎腰低頭，我還是鶴立雞群，比其他人高出太多。我從未這麼害怕，但也從沒對警察那麼樣的憤怒過，他們毫不重視抗議群眾，大喝：「回家去！」群眾高舉死者照片，大聲咆哮回去：「這就是我們的家！」

這時，美國仍沉浸在種族動盪中。就在我到訪UCLA之前一個月，黑人民權運動家馬爾坎．X才剛被暗殺。而幾星期前在阿拉巴馬州薩爾瑪市，民權領袖約翰．路易斯帶領六百遊行民眾計畫走過愛德蒙佩特司橋，遇到等在那裡的警察，對他們投擲催淚彈，又用警棍打他們，五十名抗議民眾受傷送院。遊行事件很快就被稱為「血腥星期日」，全球電視都播報了。兩星期後，馬丁．路德．金恩博士帶領另一路人馬，這次受到美國聯邦政府的保護，成功走過愛德蒙佩特司橋。

我為了自己應該扮演的角色掙扎不已。我想為民權運動盡一分力，但還未滿十八歲的我，需要點時間好好思考我應做的事情，加州似乎是個思考事情的好所在。

「歡迎呀，路易斯，」我踏進伍登教練的辦公室時他跟我打招呼。他穿了件漿燙過的白襯衫，繫上黑領帶，襯衫白得跟外面加州陽光同樣耀眼，運動夾克掛在角落的衣帽架上。他頭髮剪得很短，分界線差不多在正中央，讓我聯想到電視上看過的電影《小淘氣》裡，其中一個聲音沙啞的小孩艾發發。教練說話鼻音濃重，但他中西部的輕快語調，對聽慣了粗糙紐約腔的我而言是滿滑稽好笑的。

多年來經常有人問我，生平首次遇見偉大的伍登教練時有沒有很緊張。我是應該感覺緊張，但當時並沒有。我比較毛躁和不耐煩，希望趕快開始大學生涯，開始打「認真」的籃球。我從不懷疑自己跟大學級籃球員打球的能力，極想證明給他和其他人看。也許我是從電影《飛車黨》裡馬龍白蘭度借來的態度。電影裡他演的叛逆摩托車黨徒被問到：「你到底在叛逆甚麼啦，強尼？」扮演強尼的白蘭度回答說：「你有啥可給我叛逆的？」

「我對你的成績印象十分深刻，路易斯，」我們在他堆滿東西的辦公桌兩邊面對面坐下來時他說。

成績？我心想。你是全美其中一支最強籃球隊的教練而你跟我講成績？我令人印象深刻的籃球數據呢？

他直直看著我的眼睛，確定我知道他是認真的。「對大多數學生來說，籃球是短暫的過眼雲煙，但知識是永久的。」

我點頭同意。「是，教練。」我沒想過我們談到的第一件事情會是學業，但很快就學會了：伍登教練對球員要求的第一優先事項是學業，而不是籃球。他的球員會畢業，成績好到在體育界之外還有能力發展其他職業生涯。他擔心的是我們長期的幸福快樂，不是球隊的勝負紀錄而已。我探訪過其他大學，跟很多教練談過，他們總是兜售他們的體育計畫和願景、漂亮女同學，以及在國內多有名。伍登教練是第一個強調成績和課業的人。他沒將我當成籃球員，而是一個學生，只不過同時會打籃球而已。

我們談了大概半小時，只簡短提到籃球。他告訴我他錄取的球員大部分都是由於身手敏捷，而不一定是因為身高，他也從沒帶過像我這麼高的球員，可是他說：「我們一定能找出如何讓你在球場上發揮天賦的方法。我會很期待帶一個像你這樣的球員。」

我們站起來，再度握手。

「第一年可能會蠻艱苦的，」他警告道。「從高中過渡到大學並不容易，有很多事情需要適應，特別是運動員，我們每天都要訓練好幾小時。」

我再次點頭。

他微笑。「但你似乎是那種能夠應付這類挑戰的年輕人。」

這類挑戰。這正是我希望從大學找到的，而不知怎地他察覺到這點。他沒有跟我說一切將會多順利，我多容易就可以融入環境，反而針對我內在的好勝心。而就像他最喜歡引用的羅伯特・佛洛斯特詩句：「而那造就了一切的差別。」

後來我才知道，我們的首次會晤完美代表了他尋找球員的哲學：「我想找到的是想替UCLA打球的年輕人，而不是需要我努力說服才願意來UCLA。我永遠相信，建立偉大團隊的不二法門是找到你想與之合作的人，並且實話實說。」

他可真有夠實話實說。事實上，他可能是大學籃球史上唯一一個教練，在吸收極具天賦的球員時告訴他，他不會經常上場。一旦你替伍登教練打過球之後，就會永遠成為他的隊員。多年下來，透過重聚活動，我們會遇見不同時期替他打過球的隊員，很多時還會成為朋友，有點像參加了一個私人俱樂部。我就是這樣認識了史萬・雷塔。

雷塔身高六呎十一吋，一九七〇年就讀於塞普拉斯學院，一家兩年制大學。他平均一場球賽可得二十六分外加十四個籃板，並入選全美兩年制大學明星隊。他的教練當恩・約翰遜將雷塔從一個手腳笨拙的巨大小子轉化為才華洋溢的巨大球員，而約翰遜早期就曾經是伍登教練在UCLA的全美明星球員。雷塔成為各方渴望的轉校生，好幾家著名大學籃球隊都極力爭取他的加入。但約翰遜在雷塔腦袋裡灌進了太多伍登和ＵＣＬＡ的神話了，又說服了伍登給雷塔一份獎學金。其實伍登還試著說服他不要接受獎學金，並告訴他：「史萬，如果來ＵＣＬＡ，你大概沒太多上場機會，因為我們有個來自聖地牙哥名叫比爾·華頓的紅頭髮小子，他滿厲害的。」接著他又說：「可是你每天練球時，都有機會跟全國最厲害的中鋒對抗，我覺得相對於去別的學校，那反而會提高你日後進職籃的機率呢。」

伍登說的一切日後果然成真。雷塔在ＵＣＬＡ沒正式打過多少籃球，但最終成為在大學裡沒當過先發、卻在ＮＢＡ第一輪就被選上的球員。而且一如伍登教練所預料，雷塔後來打了十二個球季，有一年甚至還是ＮＢＡ籃板球搶最多的球員！

伍登教練重視能力卻也重視性格。他尋找某一種特定的人格，因此他研究所有潛在人才的背景，他說：「研究每個人的生長環境，讓我了解很多關於他的各方面，然後再決定是否請他來ＵＣＬＡ會面。」為了更深入了解，有些時候他會進行家訪。他告訴我其中一次家訪——按慣例他從不提到任何名字——這位潛在球員的母親說了一句話，卻被她兒子粗暴地駁斥。就在這一刻，他就失去了替伍登教練打球的機會了。教練解釋說：「我不想球隊上有個這樣不懂得尊重別人的人。」

伍登教練無疑讓我印象深刻，同樣令我心動想去ＵＣＬＡ的，是當他的助理教練傑利·諾曼帶我參觀正在施工的新體育場館、即後來的波利球館時說的話。「新球館啟用的第一場賽事，將會是年度校隊對新鮮人的籃球賽，」他盡量輕描淡寫地說。我曉得他的意思：如果我來UCLA，我將會在那場比賽中上場打球。

下一次見面是五月份，在曼哈頓我們家。我們住在納格爾大街的狄克曼房屋計畫中的其中一棟，位在五樓一個小小的兩房公寓裡。在所有願意提供獎學金的大學中，伍登是我父母唯一邀請到我們家的教練。

伍登教練和諾曼一同前來，兩人同樣穿著運動夾克，打上領帶。我跟爸媽介紹他們，他們四人在客廳坐下，開始討論起我的未來。我已經決定要去UCLA讀書，所以這次會晤原只屬例行公事，要讓我父母放心將兒子從他們緊迫盯人的庇蔭，送到三千哩外轉由陌生人照顧。

我好像是房間裡唯一緊張的人，這場會晤一定要成功呀。

我父親是個警察，他也使出警察的沉著風格來面對他們。我母親則是全心全意保護她的獨子，有需要的話可以獨自面對一整個軍隊呢。兩個難纏的傢伙。

「路易斯，」我母親說，「你要不要進房間等，讓我們好好談。」

當然好，媽媽，我這樣想著，覺得有點煩。我會像珍．奧斯丁描寫的女主角，進房間去等大人們討論我的未來！但我一語不發乖乖聽話。幾個月後我就離開家，在光輝燦爛的加州生活啦。

接下來一小時，我努力想穿透牆壁聽聽他們在說些甚麼，但不成功。終於我被叫回去客廳，跟他們握手說再見。

無論伍登教練跟我父母說了甚麼，總之很有說服力。「他是個莊重尊貴的人，」父親說。

「真是個紳士，」母親說。「不是那種會占你便宜的人。」她擔心校方剝削我。我們聽過關於大學體育選手受傷後丟掉獎學金的故事。伍登教練跟他們保證他會小心注意照顧我，他們相信教練的話。

我爸媽不是容易被說服的人。我現在還記得當時多驚訝：伍登教練靠著他的沉靜誠信，居然輕易平撫了我父母的擔心。往後當我越了解他，我越會嘗試模仿他那種低調沉著，雖然有時會被誤認為是冷淡。

多年後有次坐在他的小窩裡，我問他記不記得那次會面。「嗯，當然記得，」他說。

「真的？」我覺得難以置信。

「噢，是的。我記得對你們的公寓印象蠻深刻的。」

「哈，我就知道你不記得。那間公寓又小又擁擠。」

「不是我記得的樣子，」他說。「每件東西都很乾淨、整齊有條理。牆壁上掛著細心裱裝起來的家庭照片，顯示這是個充滿愛心的家庭，也是個穩定的環境。很用心。」他微笑。「這些都是跡象。」

我爸媽一定令他印象深刻。他到訪後大約一星期，我在記者會上宣布決定加入UCLA，會上伍登教練告訴媒體記者：「這小孩不只是個好學生、優秀的大學籃球員，他也是個令人耳目一新的謙虛年輕人，這是良好家庭和高中教育的結果。

「跟阿爾辛多先生和夫人見面後，我充分明白為甚麼路易斯來我們校園探訪時，我們全都對他印象那麼好。他們的教導，使他面對不絕湧來的名氣和讚賞，能夠從容處理，處變不驚。」

爸媽聽到他說的話後，當下已將他納入我們家中一分子了。知道在他眼中我是個謙虛的人，令我感到十分光榮，而他公開讚揚我父母也讓我鬆一口氣。其實他不需要那樣做的。總之跟教練有關的，一切都加分。

直到這時間點，根本沒什麼理由會想像得到，這個留著一九三〇年代髮型的中年白人日後居然成為我一生中對我影響最大的人。我是路易斯．阿爾辛多，一個十八歲、身高七呎二的黑人小子，來自紐約市。我等於捷運、爵士樂和民權運動。他則是約翰．伍登，五十五歲身高五呎十的白人，來自印地安那州一個鄉村小鎮。他等於……甚麼？拖拉機、華麗大樂團，還有基督徒道德觀？我們是一對奇怪組合，簡直可以拍情境電視喜劇。

我們唯一的共通點是籃球賽。一開始，那就夠了。

初次見面時，我是個十分容易害羞的年輕人。籃球場是唯一我覺得有自信、能夠展現企圖心的地方。除此之外，我正努力適應身旁快速改變的社會，學習在那歷史上最艱難的時刻，如何當一個美國黑人。我覺得內疚，因為我在加州生活得很好，擁有不少特權，在一流大學念書兼打籃球，而其他跟我同齡的年輕人，卻因為膚色問題完全沒可能得到這種機會。看到金恩博士的遊行，我心癢癢地很想做點甚麼協助爭取正義，但我又不想犧牲我的未來。到底我接受這份教育是有助於爭取正義抑或是一種偽君子行為？

我父母以及我在包亞紀念高中的教練傑克．唐納修全是努力工作的人，他們預期我表現出色，所以我必須自律克制，應用自己的才能。他們教導我：有個聰明頭腦是很酷的事，全力支持我。他們明白表示，打籃球不是我最終目標，而是達成我的夢想的工具而已。就算後來很明顯我有能力打職籃，他們還是要提醒我運動員多麼容易就會受傷，最後能夠倚仗的還是一份優良教育。

我對念書十分認真：小學四年級時我爸媽送我進入聖道小學。其他同學並不喜歡我是個好學生這一事實，孤立我，說我是書呆子，幫我取綽號「蛋頭」。老實說我還蠻喜歡的——因為聰明受到注意比只因身高受到注意好太多了。

我母親是個裁縫，在北卡羅萊納州的威斯波洛市長大，頂多接受過初中程度的教育。我們從沒談起她在仍實施種族隔離法的保守南方的生活狀況，但她極力叮囑我、不停地要求我更進步、更努力工作。她是個很務實的人，在我有甚麼夢想之前，她已經對我有許多夢想和期待。在我們家，教育是很重要的事。我還記得她跟我說拳擊冠軍喬・路易斯不太會講話，一講話便口吃，有時候不曉得怎麼表達自己。「我不希望你像他那樣，」她告訴我。「我希望你像傑基・羅賓森。」她經常提醒我，偉大的道奇棒球巨星羅賓森大學有念畢業喔。爸媽因為我小學和中學成績優異深以為傲，遠多於我在籃球場上拿很多分數。他們燃起我的企圖心，也給了我方向。

我父親是紐約市大眾運輸部的警察，最終升為警司。不過他真正的興趣是音樂；那是他的世界。我爸不是個特別喜歡交際的人；他不像我媽那樣充滿交際魅力，他是透過音樂來表達情感的。他在哈林區一些樂團表演，可他從來無法靠音樂謀生。他可以表演一小段，在樂隊中跟大家合奏也極出色，但不是個讓人印象深刻的獨奏。他是那種在大樂隊的伸縮喇叭群中可以表現很好的音樂家，也從沒真的得到甚麼好機會。他告訴過我有次他錯過的面試機會。他很喜歡的貝西伯爵的樂隊需要找一個伸縮喇叭手。如能替貝西伯爵伴奏，對他而言可謂夢想成真了。但不巧當時他正在上班，直到下班回家後才知道面試一事。他一把抓起他的喇叭衝到面試的音樂廳，但等他抵達時，貝西伯爵已經請到了人手，離開了。

某種程度上，我父親的音樂事業有點像一句停在逗號的句子：應該還有更多後續發展的。他絕口不談此事，可是失望之情顯然易見。我發誓不要過一個未完成的一生；我計畫不斷嘗試，直到抵達終點的句號。

他的音樂生涯高峰，大概是一九六二年瑪麗蓮夢露在麥迪遜廣場花園為甘迺迪總統高歌生日快樂歌時、警察局樂隊為瑪麗蓮夢露伴奏的那一次了，當時他就在樂隊裡參與表演。我父親曾使用軍人安置法案的福利進入茱莉亞學院攻讀伸縮喇叭。不過他需要學會彈〈月光奏鳴曲〉，才能通過鋼琴課，取得合格。他練了又練，從早到晚我們聽到的都是〈月光奏鳴曲〉、〈月光奏鳴曲〉、〈月光奏鳴曲〉。後來，我玩票式地玩過好幾種樂器，但在任何樂器上我唯一不要彈奏的，就是〈月光奏鳴曲〉。我的問題是從小到大都不喜歡讀譜，最後爸媽同意我不用上音樂課，而改讓我參加小聯盟打棒球。我會喜愛爵士樂肯定來自父親，但同時聽他每天練習〈月光奏鳴曲〉卻教會了我：如果你想在某件事情上表現出色——任何事——那你必須努力練習，不停地努力練習。

也許後來我之所以能完美融入伍登教練的球隊體系，正是因為我爸媽給我打下的基礎，跟教練強調的哲學一模一樣。他經常說：「不要抱持希望。希望是給那些沒準備好的人的。」我母親永遠強調想達成目標必須努力，我父親則證明了練習對於學會一種技巧是多麼的重要。

可惜的是（對我來說），他的技巧是彈奏〈月光奏鳴曲〉。

也許我沒得到父親的音樂天賦，卻繼承了他的族裔尊嚴。我父親和母親的人生大不相同。在南方長大的母親講到種族問題時總是輕言軟語，長大過程中帶來的心理傷疤使她也把許多祕密藏起來。我到了二十多歲才曉得她的母親，即我的外祖母，曾跟一個有錢的白人地主有過一段情，而我母親遇到我父親之前，也原來曾經結過婚，並有兩個小孩。實施種族隔離的南方處處都是祕密。

父親並不比我多知道多少呢。結果我二十三歲時才知道有兩個素未謀面的同母異父兄姊。他們有時會上來紐約，住在我一個表兄家裡，我母親找個藉口去跟他們見面。我永遠不會知道她為甚麼守著這祕密，儘管我不停問她，最後她還是把這樣做的理由帶到墳墓裡了。

我同父異母的哥哥和姊姊早就知道我的存在，比我知道他們早很多。我們後來終於見了面，保持聯絡。現在他們倆已經過世了，但我和我姊姊的女兒——我的姪女——仍然維持良好關係。

我父親對身為一名強壯黑人十分引以為傲。他的父母俱為「加維幫」人，那是指支持傳奇黑人民族主義領袖馬科斯．加維的人。還記得他詳盡談論他們的對話。我父親不是那種因為自己的膚色而會遇事後退的人，那是我從他那裡學到的最重要一課。我長大的年代，正值民權運動如火如荼的時候，許多像我父親的人曾貢獻其中。但住在紐約哈林區的我比較與世隔絕，不了解美國其他地方種族關係的真實狀況。我有黑人朋友也有白人朋友，極少遇到明目張膽的種族歧視，真正開始體會到這些是在一九六二年了。那一年，我爸媽將我送上灰狗巴士，要我去北卡羅萊納高斯波洛市代表他們參加好朋友女兒的畢業典禮。這時一個叫「自由旅客」的運動剛開始不久，為了抗議種族隔離，一些白人和黑人自願坐在同一輛巴士裡，深入美國南方各地，午餐時也在餐廳裡靜坐抗議。但一路上許多黑人卻被高壓水龍帶、電牛棒和警犬攻擊。

我每晚都緊盯著CBS晚間新聞。主播沃爾特．克朗凱特十分精準地整理報導了相關的種族動盪，可是直到坐上那輛往南方開去的灰狗巴士之前，我還沒切身感受到其中滋味。巴士過了波托馬克河進入維珍尼亞州的範圍後，便可看到各種招牌標誌：白人專用雜貨店、白人專用餐廳、有色人種洗手間。我從未如此在光天化日下體驗到「分隔但平等」這概念的意思。只消瞄一眼精緻的白人雜貨店和破落的「有色人種專用」商店，就明白它們當然被分隔開，可絕對不平等。我不知道所有的規則，甚至詢問一位年紀較大的黑人先生：「我可以跟白人走同一邊的馬路嗎？」

那就是我的初體驗了：在美國南方身為年輕黑人要付出甚麼樣的代價。

慢慢地，我對北方微妙但同樣危險的種族歧視也比較敏感起來，開始看到一直存在但從前沒察覺的各種壁壘障礙。一天，在我高中宗教課上，一位白人老師企圖向我說明「黑人想要太多也太急了。」太多？我們已經在慶祝「解放黑奴宣言」的一百周年紀念了。還太急嗎？可是為了獲得好成績，我被逼講些老師預期我會說的話。到現在我還記得當時對此的深切厭惡。

一九六四年的暑假，由紐約市政府贊助的「哈林青年行動計畫」聘請我為他們的週報寫文章。為了做好這份工作，我必須多了解周遭的非裔美國社會。結果，我開始了解自己以及過去的歷史，世界之門就在我眼前打開，真的無法想像；這改變了我的一生，門從此再沒關上。我的任務迫使我平生首次到哈林區內周圍探索。我跑到「嵩伯格黑人文化研究中心」，開始了解一九二〇年代哈林文藝復興時期的輝煌藝術史。我也閱讀了好些偉大非裔詩人的作品，包括蘭斯頓．休斯或肯提．庫倫等。我也讀了李察．萊特的小說、加維（前面提到過）以及革命運動領導人杜波依斯的文章。我更開始研究我父親喜愛的音樂，包括貝西伯爵、路易斯．阿姆斯特朗等樂手，以及從街頭發展開來的爵士樂故事。

還不只是歷史；走在哈林的街道上，各種運動就在我身邊發生著，馬爾坎．X站在街角，黑人民族主義者派發報紙，人們穿著色彩繽紛的非洲服飾。報導馬丁・路德・金恩博士的記者會時我只是一名青少年；我的成年儀式，在夏天的暴亂、在槍林彈雨中逃命中度過。世界在我身旁轉變，而一切都十分危險。美國黑人為自身的權益挺身而出；從此，這國家將變得很不一樣了，這場抗爭也成為我生命中很重要的一部分。

約翰・伍登誕生在一個完全不同的世界，他成長的環境如果化成一幅畫，也許連善於畫美國小鎮溫馨畫的諾曼・洛克威爾都會覺得肉麻。他出生於印地安那州鄉村風味十足的哈爾鎮一個農場裡。那裡甚至沒有自來水，沒電，自己種食物吃。冬天取暖的方法，是將磚塊放進火爐中，燒熱後用毛巾包起來。廁所設在後院的一個小房間裡。但跟我提起當年時光時，他總是柔情無限，從沒有一絲苦澀。

「晚上的時候，」有次他告訴我，「我們幾乎都會讀些東西。那時還沒電視，我們連收音機都沒有。傍晚時分我爸會朗讀給我們聽。他自己每天讀《聖經》，也叮囑我們讀。有時他讀詩給我們聽。還記得他讀朗費羅的〈海華沙之歌〉：『在巨大水域的湖岸，滔天海水熠熠生輝……』」

這肯定不是蘭斯頓・休斯的作品。

「他們叫我約翰－巴博，」他說，我大笑起來。

「得了吧，教練。你瞎掰的。約翰－巴博？那你的好朋友是些甚麼人？比利－喬？湯米－波？」

他不理睬我的打亂，繼續講下去。他的成長時期，是在田裡幹活、跟三個兄弟打籃球和棒球中度過。一坨破布捲起來代替了棒球，更大團的破布就成了籃球，他們打籃球的方式是將它丟進盛番茄的籃子中，而他的「丟籃球」技巧還練得滿厲害的。而儘管他赫赫有名的傳奇成就是在籃球，可他的初戀卻永遠是棒球。他知道每一種棒球統計數據，諗熟成度猶勝籃球。棒球也是我從小喜歡的運動，我們經常爭論自己最喜歡的球員，爭論了五十年始終沒有達到最後共識。

美國大蕭條期間，伍登的父親未能保住農場，他們家搬到印地安那南部另一個小鎮馬丁斯維爾。這裡沒有任何種族問題；但這是因為當地的三K黨力量龐大，無人敢在這裡發起運動。這些事他從來不提，唯一聽他提到過的是：「我跟那些愚蠢事情一點關連都沒有。」

他父親也幫他上倫理道德課，教的是如磐石般堅固不移的美國中西部價值。教練講過一個他們搬到馬丁斯維爾的故事以及隨之而來的悲劇，這故事足以總結他父親的一生。一九二五年間，他父親約書亞將家裡的農場以抵押貸款方式，買了一批食用豬養在農場裡。

他同時買了一批疫苗，以防豬隻傳染到霍亂。很不幸地，那些疫苗被汙染了，整批食用豬盡數死亡。到了夏天，旱災又摧毀了他們的農作物。付不出貸款的結果，是被迫將農場賣掉。約書亞帶著家人搬到馬丁斯維爾，在一家療養院當護理員。而雖然有人敦促他對那個賣疫苗的人採取法律行動，意思是也許他因此可以救回家裡的農場，他卻不要那樣做。正如伍登教練曾經形容過他父親的一個特點，「他拒絕說任何人壞話，一個字都無法說出口。」

在這方面伍登教練跟他父親一模一樣。五十年來，我不記得他有說過關於任何人的刻薄話。如果他覺得某人有問題，我還是感覺得出來的，因為那時他眼神就會避開，轉移話題囉。

教練的訓練哲學對我以及很多人可謂影響深遠，而這一切想法的起點，卻來自他父親。他說過：「我大概不夠了解和欣賞我父親。但回頭看，他做的某些事情原來意義重大，不過我當時不懂。」諷刺的是，他帶過的球員對他的感覺也是如此。我們好像學會了，但其實沒警覺到他到底教了些什麼，直到多年後我們需要用到這些知識才恍然大悟。

「父親極力想教懂我們的是，永遠不要企圖勝過別人。」這正是整套訓練哲學的中心思想和基礎。已記不清有多少次了，聽到他說：「從別人身上學習，盡力、盡你所能做到最好的你，永不停息……要是你太在意那些你無法控制的事情，最後只會對你能控制的部分帶來不良效應。」

他父親特別喜歡三個一套的訓勉金句。「其中一套是『絕不說謊，絕不欺騙，絕不偷竊。』另一套是『不要哀嚎，不要抱怨，不要推託。』然而他不單用文字訓勉而已，他還以身作則，始終如一地度過一生。」多年後，伍登教練精心設計的成功金字塔為眾人帶來豐富人生，但一切的起點，就是這兩套「三不」金句。

他在小學就開始參加有組織的籃球比賽，天生就是個運動員。「我不像其他很多人那麼高或壯，」他說。「但我比大部分人快，那就是我的優勢。」他帶領馬丁斯維爾中學闖進州總冠軍賽，一共三次，一九二七年那次贏了。印地安那州從古早時代就很瘋迷籃球。馬丁斯維爾市民一共才四千八百人，可是馬丁斯維爾中學的球館有五千兩百個座位，而且永遠爆滿。其實他們還很有可能連兩年奪得州冠軍，但在一九二八年的總冠軍賽的最後幾秒鐘，門斯山特魯中學有個球員從中場位置用力拋出絕望的一球，籃球都差點碰到球館屋頂，接著直直進了籃框，以十三對十二的分數贏得冠軍。教練打球和看球總共長達八十年，他不斷說那是他看過最難以置信的一球。

如果這故事來自其他人，我或許不會相信。但在我們認識的這麼多年，他講的每一件事，後來都證明沒有誇大不實或自吹自擂。

不過，有時連我的忠心耿耿都大受考驗。這天，我們在他家附近名叫 VIP's 的餐廳共進早餐。他在這餐廳總是「每星期的前七天都點同樣餐點」。我們隨便閒聊，剛評論完櫃台旁那個人穿的黃色喇叭褲的優劣，他無端端天外飛來一句：「你曉得嗎？聖母大學的肯努特・洛尼找過我去打美式足球。」

「我是不是應該檢查一下你喝的是咖啡還是萊姆酒？」我開他玩笑。「你還沒我左腿重呢。」

「是真的。」

「好吧，你說了算，」我說，預期這真的是個笑話，然後他會取笑說我真好騙。「你中學有打美式足球嗎？」

他搖頭。「我們中學連美式足球隊都沒有。」

「我們說的是同一家聖母大學嗎？那時候全國最強的球隊？」

「是呀，」他堅持道。「洛尼親自問我要不要到聖母大學替他打美式足球的。」

「肯努特・洛尼？那個『為吉佩贏這場球』的傢伙？」（譯註：吉佩是洛尼的明星球員，卻得了重病。傳說他彌留之際跟洛尼說，球賽若不順利，就跟其他球員勉勵「為吉佩贏這場球。」）

他點頭。「他告訴我他看過我打球，知道我身手敏捷、速度快，上身肌肉強、力道夠。我則告訴他，我是個打籃球和打棒球的。」

「有沒有想過也許他在開你玩笑？」

「洛尼沒在開玩笑。跟美式足球有關的都不會。他說以我具備的強項，他可以將我訓練成美式足球員。當然這是大大的恭維啦，但那時我立意想當個土木工程師，湊巧普渡大學離我家蠻近的呀。」

普渡大學第一年快念完時，他發現工程系學生每年暑假都必須參加集訓營，將當年學到的應用出來。由於他暑假期間必須幫忙家裡的農務，最後只好退出工程系。終於，跟他兄弟一樣，決定轉當英文老師。早知道有暑假集訓營這回事，他鐵定會找一家離家更近的大學，雖然大概不會是聖母大學，因為重點是他想離他當時正在追求的女孩近一點：奈．萊利，他的奈麗。「我們約會過一次，」他告訴我，「從此就再沒跟別的女生約會過。」

他在普渡成為全美籃球明星。那時的籃球賽和現在的很不一樣，籃球表面是皮革，內裡縫了一個氣囊。運球的時候，它從地面彈起來的路徑瘋狂極了，難以預測，結果只好不斷傳球。每次進球後，又會重新在中場跳球，因此分數很低。普渡的教練皮吉．林伯特設定的戰術是快攻打法——基本上快攻打法是他發明的——這和伍登的侵略性及優異控球技巧完美契合。人們幫他起了個綽號叫做「印地安那橡皮人」，似乎因為他不停地撲到地上搶球，又立即彈跳起來。在普渡，他成為歷來第一個連續三年被全票選入年度全美明星隊的大學球員。一九三二年，他帶領普渡鍋爐工隊拿到當時被視為全美冠軍的錦標，他則被選為年度最佳球員。

無疑他已是個偉大球員，可他更引以為傲的是學業的成就。他家裡有個衣帽架，上面掛著無數的榮譽，包括總統自由勳章，就是由小布希總統頒授給他、美國平民能拿到的最高榮譽；此外就是他大四那年獲頒的「十大聯盟優秀學生——運動員獎章。」我無法告訴你這兩個獎牌之中他較重視哪一個。大學畢業後，為了多掙些收入，「橡膠人」一邊教英文一邊打職業籃球，加入諸如印地安那考特斯基隊。

他的教練生涯以沖天一擊作為開始，或用他的說法：「我反應過度的極不幸事件。」他在肯德基州戴頓市一家中學教英文，也是學校的體育主任，兼學校的美式足球隊、籃球隊、田徑隊還有棒球隊的教練。球季開始不久，一次美式足球訓練中，有個球員公然挑戰伍登的指示，看他如何回應。伍登教練的回應是一拳朝他鼻子打去。細節蠻模糊的，因為教練不怎麼愛談這件事。他為自己的失控以及非基督徒表現尷尬極了。聽他說最多的是那是個錯誤，他深感後悔。

那還不是唯一的暴力事件。那一次，他任教的南班德中部中學跟米沙瓦卡中學比賽，他們的教練叫舒爾比．斯益克。南班德中部連續第二次打贏米沙瓦卡之後——這是十三年來第一次——伍登教練按照傳統慣例要跟對方教練握手，斯益克的回應居然是「你給裁判塞了多少錢？」伍登教練跑向斯益克，又是朝他一拳打去。球員和球迷趕忙拉住兩人，將他們分開。結果伍登教練和球員們需要警察保護，才能平安登上巴士回家，因為一群米沙瓦卡球迷在球館外面等著呢。

其實伍登教練並不那麼反對球員表現強悍點。一九四一年跟高遜中學的一場比賽中，他有個球員的腿部被對手用力掐了一下，流血了。這球員立刻想回敬高遜的加害者，但伍登叫他忍一下，等待更適合的時機。隔沒多久，該球員又遇到掐人者來防守，伍登跟他點頭示意。他往一邊做假動作，移動回來，用盡氣力往掐人者的肚子一拳打去，那個小子痛得彎下腰來。不知怎的裁判沒看到這一幕。從此，無論伍登教練或那個打人的球員都沒再提到這事件，但當時這球員從場上退下時，伍登拍了拍他的肩膀以示鼓勵。

完全不是多年後那個仁慈、輕聲細語、引用愛的格言的他！

有時候我刻意回想這次事件，因為這提醒我：雖然我們喜歡將心目中的英雄想像成完美無瑕，殘酷的事實卻是他們乃是透過犯錯以及從錯誤中學習，才能成為英雄的。然而在我眼中，這一來他們才更是真英雄。

當了三年極為成功的中學籃球教練，又在海軍服役打了三年二次世界大戰之後，他在印地安那州立師範學院擔任總教練，連續兩年贏得聯盟冠軍。很自然地，好幾家大學都想聘他為總教練，包括明尼蘇達大學以及UCLA。

接下來這部分的伍登教練故事，聽起來簡直好似來自好萊塢編劇的想像，模範英雄往往都是如此這般的出現一些轉折但最終做對事情。

他很想接下明尼蘇達的工作。他超喜歡中西部，和奈麗也想在那裡生活，但他提出的條件是必須讓他帶著他的助理教練同來上任。他也到ＵＣＬＡ參訪過，然而覺得他們的設施不敢恭維；擁擠的訓練體育館設在一座老舊建築的三樓，籃球校隊還必須和體操隊共用這體育館。主場比賽也沒有主場可用，而要借用市內各高中、市政中心或一些大專院校的場館來舉辦。可是ＵＣＬＡ同意他帶助理教練，並且提供一份兩年的合約。當他堅持要一份三年的合約時，他們也勉強同意了。

不過他還在猶疑。他的根源深植於中西部的農場；洛杉磯卻是好萊塢、電影明星和炫目浮華的綜合體。終於，一九四八年四月裡一個傍晚，他被逼要做出決定。這天傍晚六點鐘，明尼蘇達大學將會打電話回覆他，是否准許他帶著他的助理教練同來，而再一小時後，ＵＣＬＡ也會打電給他，聽取他最終極的決定。好萊塢情節此時出現。改變一個人一生的事件，對我父親來說是錯過了貝西伯爵樂隊的面試；對伍登教練來說呢，則是意料之外的一場風暴，以致明尼蘇達沒在預定時間打電話過來。伍登假定明尼蘇達不想聘用他，因此等ＵＣＬＡ準時打電話給他並提供一份三年合約時，他接受了。

又過了一個小時，電話再度響起。明尼蘇達的體育主任打電話來道歉：一場離奇怪誕的暴風雪將所有的電話線吹垮了，因此電話打不過來，但他很高興他們能夠答應同時聘請伍登和他的副教練。可是他已經答應ＵＣＬＡ了，他必須拒絕這份其實他更愛的工作。伍登教練就是這樣走過一生的。他一言既出，就沒有再議的餘地。

在我簽下第一份職籃合約之前，已好幾次聽過伍登的故事。這是UCLA校園內眾多的伍登傳說之一。景仰他言出必行之餘，卻沒想到他的故事跟我會有甚麼關聯。錯了！

大學畢業後，我在NBA和當時新成立的「美國籃球協會」（ABA）的選秀會上皆被選為第一名。我可以跟NBA的密爾瓦基公鹿隊或ABA的紐約籃網隊簽約。能夠回去紐約打球讓我感到十分興奮，甚至連籃網隊所屬ABA是個新聯盟這件事我也不介意；因為我目睹過喬．拿瑪斯加入新成立的「美國美式足球聯盟」後可以帶來多大的影響。相關談判由我的律師以及兩位我極信任的洛杉磯商人處理，一是著名的UCLA支持者山姆．基爾伯特和拉爾夫．沙皮洛。我們同意不要用討價還價的競標方式，而是請每個聯盟只提一個價錢，要麼拿到，要麼放手。我知道ABA比NBA更需要我，所以心裡早預備去紐約打球。終於，兩方出好價了。

叫我意外的是，公鹿隊出的一百四十萬美元比ABA開出的金額高很多，於是就接受了，幾小時後卻接到ABA的消息，告訴我們那不是他們的最終提價，從整個ABA聯盟提出的最新金額是三百二十五萬。但我沒其他選擇了，只能婉謝。我跟他們解釋，我已作出承諾，覺得公鹿隊不應因為老老實實地出價後卻受到懲罰。

做出那樣的決定時我沒怎麼想到伍登教練。但四年來他已成為我生命中重要一部分，他訓練我的體育能力，也教導我如何想事情，碰到道德問題時，他有如燈塔般為我照亮方向。父母親早在我心裡打下堅實的道德基礎，但伍登在那基礎上更進一步，除了示範怎樣做正確決定，也協助我培養性格和勇氣，做出正確決定。

伍登是UCLA第四任籃球總教練。那時候，在UCLA當教練不算甚麼聲望崇隆的工作。他的起薪每年只有六千美元，籃球還沒成為很受歡迎的運動，他接受這份工作一年之後，「全美籃球協會」（BAA）以及「國家籃球聯盟」（NBL）合併為一個聯盟，NBA才誕生。當時最有名的職業籃球隊，還要算獨立經營的哈林籃球隊！大學教練薪水甚低，球賽很少被播報，有的話頂多在大學自己的廣播電台而已，電視還不普及。UCLA總教練的其中一項工作，是和幫忙經營球隊事務的半工讀學生一起刷地板，每天都要刷。「我每天拎著水桶將地板弄濕，」他邊笑邊說：「好像人家餵小雞。」他那樣每天往地板灑水，做了十七年。

在UCLA待了兩個球季後，普渡想把他挖角過去，提供的薪水和設備都比UCLA好很多——而且那是他的母校，又在印地安那呢，他和奈麗可回家了。此外UCLA並未守信，沒有提升設備；儘管有一天下午他解釋說：「他們並沒真的答應；比較像是一種『共識』。」UCLA也願意讓他接受普渡的工作，但也提醒他，其實是他自己堅持要拿三年合約的，而他們準備履行合約。

一九九八年，當伍登教練成為第一位被洛杉磯紀念體育館選入「榮譽庭院」的籃球人物時，前 UCLA 籃球校隊隊員基西・艾瑞克森和我也在場，和伍登合影留念。「榮譽庭院」的設立是為了「紀念對洛杉磯紀念體育館的歷史、榮譽及成長帶來明顯影響的出色人物或事件，範圍涵蓋體育或其他更多的類別。」（照片提供：Deborah Morales）

他可以解套：UCLA沒有做到原先答應的事，可是他已作出承諾，這比一紙合約還要力量強大。最後他婉謝了普渡的好意。

他在UCLA十分成功。一九六四年我加入球隊時，他已連續十七個球季勝率高於百分之五十，贏得或並列聯盟冠軍共計八次。最近兩年更連續奪得全美大學的NCAA冠軍榮譽。包括威利．拿奧斯、瓦特．哈薩德、基西．艾瑞克森、蓋爾．古德里奇、肯尼．華盛頓等極為優秀的球員，都跑來UCLA替他打球。「印地安那橡膠人」逐漸幻化為「韋斯特伍德的巫師」了，是籃球界最受尊敬的教練之一。而終於，UCLA成功募得足夠金額，開始打造差不多二十年前就答應過他的偉大球館。

伍登從印地安那的農田跑到UCLA，我則來自紐約街頭。前面說過，直到這時，他和我的共通點只是熱愛棒球和那個又大又圓的籃球。

當你是社區裡或家附近任何社區裡長得最高的小孩，你就會去打籃球。在上曼哈頓英伍德區第五十二號小學念書時，我就開始打籃球。那時我很糟糕，我需要將球舉起，用下手方式將球用力往籃框拋去。六、七歲跟我爸到球場投球時，其實是他投球，我只會拋球。他是真的會打籃球的，高中時有個隊友叫里德．霍爾茲曼，後來成為帶領紐約尼克隊贏得總冠軍的教練。不過父親教我打籃球，用的卻是叫我吃盡苦頭的方式，將我推來推去，手肘不斷往我身上招呼，直到我全身上下盡是瘀青，沮喪萬分。其實他沒在教我打球；他只不過教我知道誰是老大啦。原本應該是增進父子感情，但經歷那場「籃球課」後，我再沒跟他打過籃球了。

有一段時間，棒球是我最愛的運動。八年級時（譯注：相當於國二）我身高六呎八吋（約二〇三公分），能投出的球速超過時速九十哩（約為一百五十公里）。速度是夠了但不會控球——更重要的是沒人訓練我。我總覺得要是能解決控球問題，我是會進大聯盟打棒球的。我穩定度不夠，無法每次都將球投到本壘板處。籃球就容易多了。八歲那年我真的覺得籃球很迷人。那一年我看了部叫《衝啊，老兄，衝！》的電影，講的是哈林籃球隊的故事，其中一幕是偉大的馬庫斯．海恩斯在一條窄窄走廊上，運球閃過另一個想攔他球的人。我心裡想：嘩嗚，籃球真是個酷運動，也許還是籃球比較適合我！

在包亞紀念高中第二年，我擠進了全美高中明星隊第一隊。對手們都沒能防守我，我得分滿穩定的，因此開始覺得，籃球可能真的就是我的未來。這時我也學會了打得更強悍。記得有次跟布魯克林男子高中舉行練習賽，但我事先不曉得，我的教練唐納修認識幾個布魯克林高中的球員，賽前告訴他們對我粗暴點。他想看看我如何回應。

其中一個球員粗暴得過分，咬了我一口。咬了我一口！我告訴唐納修教練他還不相信我，直到他看到牙齒印。練習賽過後，其中一個布魯克林高中的球員告訴唐納修：「不用擔心那小子了，他應付得來。」

唐納修教練教會我籃球的基本原則，不是球賽的規則，而是球賽的潛規則。有一年我們到紐約上州斯內尼克塔迪，跟後來成為NBA傳奇帕特．萊利的球隊比賽，半場我就被判犯滿離場。我覺得那很離譜；因為我並不是個很強勢的球員。唐納修跟我明說現實：「他們不想讓我們贏球。你必須明白這點。球場上你只有一個朋友，就是籃板。有時候球被籃板反彈向你飛過來，你拿到一個籃板球，但差不多就這樣了。」我的籃球教育於焉展開。就這樣，我學會高舉雙手打球，不要犯規。

包亞高中離麥迪遜廣場花園球館只有幾個街區，有些NBA球隊會借我們的球館來練球，回報方式是讓我們去花園球館看球賽。唐納修教練命令我一有機會就要看波士頓塞爾蒂克隊的比爾．羅素的比賽。這時，威爾特．張伯倫創紀錄創個不停；有一晚對尼克隊甚至拿了一百分。可是就像唐納修指出的，沒錯張伯倫瘋狂得分，然而羅素的塞爾蒂克贏了一堆冠軍。

說到防守，歷來沒人能強得過羅素，他簡直主宰了比賽，在籃框周邊對手根本沒任何機會，被逼在更遠的距離投籃，命中率因此大大降低。他一夫當關，不許對方上籃，封蓋對手，強搶防守籃板，他的塞爾蒂克隊友放心跑動，快速得分。我向來是個很會得分的人，但看過他的表演，我也努力成為防守的高手。可以說，羅素是我如何打防守的範本，唐納修則協助我建立起堅強的打球基礎。

在我的高中籃球生涯期間，包亞紀念高中的戰績是九十六勝六敗；一九六三－六四年的球隊被評定為全美高中冠軍隊，甚至被票選為世紀最強高中球隊。我們曾連贏七十一場，後來被馬利蘭州海悅威爾市的迪馬塔高中打敗，連勝記錄才被中斷。和迪馬塔的這場比賽被稱作「美國高中的世紀之戰。」我畢業時，已具備打極高水準籃球的基本技巧和手段了。不過那時候NBA不會選可以進大學的球員，不像現在會選一些只讀過一年大學的球員。所以不管我去哪裡讀大學，都會在那裡待四年。

伍登教練和我共同擁有的一個信念是，打籃球並不是最終目標，而是追求更豐盛人生的手段而已。我大概在七年級時就體會這點了，因為此時我開始收到願意提供獎學金的邀請，讓我可以上紐約較好的天主教高中念書。這是首次籃球開始幫忙付家裡的帳單，沒多久事情更明顯了，籃球也會付我的大學學費。我也知道運動員薪水不錯，不過那比較是遠在天邊，以後的事了。

讀到十年級時，全美各地都有大學想提供全額獎學金招收我。一開始收到的信不多，如涓涓細流，但慢慢地信件多如洪水，連一些採取黑白種族隔離政策的大學，居然都想請我加入他們，聲稱我有助他們打破種族顏色的藩籬。唐納修教練將信件放在辦公室的一個箱子裡，每隔一星期或十天我會跑去看看有些甚麼新信件。最後信件實在太多，唐納修告訴我不必過去看箱子裡有甚麼了。「可以將這箱子連同信件全丟進拉圾桶裡，因為任何學校，只要有籃球隊的你都可以拿到獎學金。」真是令人震驚的想法：基本上全美國的大學隨我挑，不用花我爸媽一毛錢！我只要打籃球就好。

很少年輕人像我有那麼多選擇。我只知道：我想去一家可以得到高素質的教育、球隊也會贏球的學校。我也想去一家尊重任何膚色的學生和運動員的學校，於是這就刷掉南方大部分的大學了。那時我十八歲；想去離父母較遠的學校，逍遙快活過生活。最後剩下密歇根大學、哥倫比亞、聖約翰和UCLA。唐納修教練接受了位於麻州伍斯特的聖十字學院的聘請，去當他們的總教練，說我應該去他那裡看看。我猜他想借我的探訪製造點新聞，或者有助他找到好球員，其實我們心知肚明我不可能去聖十字的。那是家好學校，但它的籃球隊不夠強，而我想跟最強的主流勁旅競爭。總之，完全出於對唐納修教練的尊敬，我還是去拜訪他了。

聖約翰大學可說是紐約市的主場隊，我經常去花園球館看他們比賽。他們的球隊不分種族，很有競爭力、全美著名，由喬・拉普奇克教練統籌主理。拉普奇克也當過紐約尼克隊的總管，簽下NBA史上第一個黑人球員納特・「甜水」・克里夫頓。我在包亞念高一那年跟拉普奇克見過面。他和唐納修教練同樣住在揚克斯市，唐納修十分崇拜拉普奇克，我們使用聖約翰的攻擊方式；反覆看他們的比賽影片。

拉普奇克教練身高六呎五，在他打球的年代算是十分的高，那時我正試著適應自己的身高，他告訴我：「我曉得當高個子的滋味。在我小時候的老社區長大時，高個子是極不尋常的，有些小孩子指著我說，『媽快看，吉普賽人！』」他意思是他鶴立雞群到小孩子除了說「吉普賽人」都不曉得怎樣表達他們的驚訝。

來自紐約街頭的拉普奇克教練，和來自印地安那鄉下的伍登教練背景懸殊，但他們居然在職籃當過對手。當時拉普奇克是紐約一個叫「原創塞爾提克」（譯注：跟現在的波士頓塞爾提克無關）的籃球隊的中鋒，他們不只打球，還真差點打起來。「他不斷推擠我，」多年以後伍登教練告訴我。說真的，當他告訴我這件事時，他好像還對此耿耿於懷。「整場比賽，每次經過他都推我一下，最後當我帶球從他身邊閃過上籃時，他伸出腿來把我絆倒。我的天！我受夠了。我跳起來，沒考慮任何後果，抓住他的球衣威脅他：『你再那樣弄我，我就打爆你的頭！』」

「不知道誰比較驚訝，他還是我。真打起來，我懷疑被打爆頭的不會是他！」

還記得聽他講這故事時，我邊笑邊幻想這場打鬥的卡通版：拉普奇克站得好端端的，伸手頂住伍登的額頭，把他保持在安全距離之外，而伍登教練則手舞足蹈，卻碰不到拉普奇克。

剛開始時我大概覺得跟拉普奇克教練較為契合：我們同樣是紐約人，替他打球好像蠻好的。可是我高中快畢業那年他六十五歲了，一定得退休。接替他的是個我不認識的年輕教練魯・卡尼斯卡，於是聖約翰就此被淘汰掉。而雖然我沒去得成聖約翰，我跟拉普奇克教練的兒子成為了終生的好朋友，直到今天。

事實上，似乎我早就想過去UCLA讀書。很多很多年以後，有一天我翻開小學畢業紀念冊，後面一頁問到我的未來。對於「你最喜歡的大學」這問題，我寫下的回答是UCLA。那讓我驚訝極了；絲毫不記得在那年紀曾經這樣看重UCLA。

我對UCLA的興趣應該是從八年級遇見威利・拿奧斯那次開始。拿奧斯曾在伍登教練麾下打球，之後成為尼克隊的球星。那次參加完天主教青年協會明星賽後，三位尼克隊員走過來跟我們聊天，其中一位就是拿奧斯。他告訴我UCLA是個好地方，我也會很喜歡替伍登教練打球。「伍登教練是個很特別的人，」他跟我說。「他會將你培養成更好的人。」他沒說伍登會將我培養成更好的籃球員，而是更好的人。

小時候我幫布魯克林道奇隊和傑奇・羅賓遜加油，因此眼看球隊搬到西岸去，便沮喪極了。羅賓遜在UCLA打過美式足球，是個明星跑衛；那時候，UCLA的美式足球隊被認為是美國最前進、最不分種族的。當我接到來自羅賓遜的一封信時，母親簡直樂壞了，她十分尊敬羅賓遜的勇氣和智慧。羅賓遜寫信的目的是鼓勵我考慮UCLA。此外，UCLA畢業、一九五〇年諾貝爾和平獎得獎人拉爾夫・本奇博士也寫信給我。他是美國黑人，在聯合國任職副祕書長。本奇信中推薦說，UCLA會是我極佳的選擇。接著，有個星期天晚上我在看電視上的《艾德・蘇利文秀》。這是個綜藝節目；每星期蘇利文會花一點時間表揚幾位來賓，那個晚上他介紹的是拉法・約翰遜，一個年輕黑人，贏得了一九六〇年奧運十項全能金牌，是當前全球最全面最厲害的運動員。但教我震驚的是蘇利文說他是UCLA的學生會長，這讓我覺得，在UCLA我不單可以成為一個無腦運動員，還可以嘗試達成更多。那裡的人尊敬約翰遜，乃是因為他的才能，而且給他機會追求成功。這對我很重要，我不想被歸類為「只是一個運動員。」

還有，長久以來UCLA已是家十分前瞻進步的學校。一九三〇年代，校方決定採取包容的政策，甚至聘請了一位到處遭到排斥的猶太裔教授，這方向從此沒再改變過。在爭取我加入的期間，有一天UCLA的學生報《棕熊日報》說我應該到他們大學，因為UCLA「對黑佬的態度」名聞遐邇。其實那反而讓我有點卻步，因為此時在前瞻進步的人士當中「黑佬（Negro）」這名詞已被「非裔美國人」所替代。不過我研判他們心地是不壞的，雖然他們的用詞沒跟上時代。

所以囉，促使我選擇UCLA的理由多的是，然而最終最關鍵的原因只有一個，就是伍登教練。

偉大的老師有兩種影響學生的方式：第一種是透過講課或教材傳達有用的價值，教導學生如何做到原先做不到的事情或做得更好；第二種是純粹靠實際行動，以身作則。舌燦蓮花的教化或生花妙筆的論述太容易了，但勇往直前、言行一致需要極大的意志和力量。是的，伍登教練也透過語言教會我許多籃球知識，可更重要的是他毫不妥協的道德力量，教導我如何成為我想成為的人，或者說，成為我需要成為的人。

第二章　球賽，進行中

重點從來都不是為了要贏＋其他籃球場上的教訓

教練是有能力幫助矯正但不會引起反感的人。

——約翰·伍登

那部DVD放影機就是不肯動。

「哎呀可惡！」伍登教練說，這已是他說得最接近髒話的語調了。

時間是二〇一〇年，我們待在他的小窩裡；這時離他去世只有幾個月。他九十九歲了，我帶來《頭號公敵》的光碟，電影裡的黑幫老大約翰．迪林傑由強尼．戴普主演，可是放影機有點問題。我想播這電影給他看的最主要原因，是為了裡頭的一九三〇年代音樂，那是他有印象的年代。終於，過了這麼多年，我想跟他解說我的一生熱愛：爵士樂。我覺得他始終不是那麼了解到底是怎麼回事，也許黑幫電影是個帶到這主題的好方法。

曾經一度，我的爵士樂黑膠唱片收藏是全美國最包羅萬象的其中之一，起碼超過五千片。可是在一九八三年，一把火燒掉了我的家，全部收藏也隨之灰飛煙滅。可隨後，部分要感謝數以百計籃球迷的慷慨贈予，我的收藏不只恢復舊貌，還超越從前。我是駐伍登家的爵士樂專家，這次準備給我的老導師介紹一點爵士樂歷史，有沒有迪林傑或他的衝鋒槍都沒差。

「你一定要聽聽比莉．哈樂黛，」我說，舉起那張DVD。「她唱過〈我是憂鬱〉、〈愛我或離開我〉和〈我愛的男人〉，真的會撕裂你的心，放在湯碗裡送回來給你。」

他笑。「你愛你的爵士樂，卡里姆。但我還是喜歡華麗大樂團那種人。」

「基本上同樣的音樂呀，教練。一個銅板的兩面而已。」

「少了那些搖擺，啥意思都沒，」他不同意。

「嘩，引用艾靈頓公爵的話，真令人佩服。」

他笑得呲牙裂嘴，好像隱藏著什麼祕密似的。「小子，你知其一不知其二呢。」

「說來聽聽，教練，」我說，呲牙裂嘴笑回去。「我耳朵全打開。比不上你的耳朵啦，但還是……」

他笑起來。他像衛星小耳朵天線般的兩隻巨型耳朵，年紀越大張得更開更明顯。這是他全身上下唯一沒縮小的部分。

「今天的小屁孩，」他說，搖搖頭。我六十二歲了。

伍登教練往後靠在他的巨大灰色皮椅子裡，椅子彷彿把他吃掉了。「三〇年代，有次我在芝加哥，」他說：「跟這大鬧四方的迪林傑傢伙差不多同個時間。我們在薩瓦舞廳跟哈林籃球隊比賽。通常比賽完畢後，奈麗和我坐火車回印地安那波里斯，儘快回到家裡。但這晚為了某種原因我們決定留在城裡久一點。記住，當時我們還只是二十郎當。」

我看著他蒼白、滿是皺紋的臉上有點悵惘的神情，靜靜讓他溜過時光，回去和他太太團聚。我也漸漸老去了，開始醒悟年歲有多狡詐。每當有人問我年紀多大時，我第一個想法總是三十五。然後，殘酷的現實用力搖我的肩膀，使我意識到那感覺錯了快三十年。每次打開浴室的燈，突然看到鏡裡的影像時，我也總是被嚇到，永遠預期看到一個更年輕的人。這是一種粗糙的時光旅行。看著九十九歲的伍登教練坐在那裡，金邊眼鏡後的眼睛閃著少許光輝，我想像他能輕易穿越回憶，在時光中旅行。

「球賽完畢後他們將籃球架拆下，剛剛還被我們的汗滴得到處都是的場地，立刻變成舞廳，舞場周邊是餐桌，我們找個桌子坐下點晚餐。食物太好吃了，我們待著待著，終於錯過了火車。」他微笑，為自己極不典型的隨興而笑。「我們快吃完飯正準備離開，突然聽到樂隊奏起了十分狂野的音樂，奈麗想去看看。我擔心趕不上下一班火車，但她很是堅持。有時候她還蠻固執的。」

「我記得，」我說，感覺盡是溫馨。

「於是我們擠過去音樂台那邊，在那裡，穿著全套白色晚禮服的凱伯．凱洛威正奏著〈邊走邊踢〉。奈麗猛拉我進入舞池，我們就那樣一路未停歇，跳舞跳到凌晨兩三點。我想我們每首歌都跳了。」

「其他跳舞的多是黑人還是白人？」我問。

他回到回憶裡翻查了一會兒。「黑的，」他說。

我笑了，想像二十來歲的教練和他妻子，兩個白得不能再白的中西部傢伙，跟凱洛威跳跳踢踢，身旁圍了一大群黑人。他依然幫我上了一課，教我如何從容自在，這一刻也不例外。

他的凱洛威故事卻令我更想讓他明白，為什麼爵士樂在我這一生中是那麼的重要，於是我又弄了弄ＤＶＤ放影機，還是希望能用那部電影來引介爵士樂。不過我向來不擅於操作機械，頂多是確定插頭有插好，連結到電視機的電線確實有接好。一切ＯＫ，但放影機還是紋風不動。

我環顧小客廳，希望能找到另一部放影機，也許它被放在某個架子上，他卻忘了個一乾二淨？他這小窩裡東西多又亂，這是頗有可能發生的事。我來這裡探望他已五十多年了，但每次都會在某個架子上發現一些之前沒注意到的東西。也許印地安那瓊斯拚命追尋的法櫃都放在這裡呢。占最多空間的有兩種東西，首先是掛在牆上、數以十計用鏡框裱起來的照片和獎狀，還有就是書。書架上的書，沙發前小茶几上的書，折疊式辦公桌上的書，連沙發旁茶几和放桌燈的小几上也放滿了書。空氣中瀰漫著一股舊紙張的味道，彷彿置身二手書店中。

小窩裡其餘的空間擠滿了馬克杯、獎章、碟子以及紀念品。此外還有搖頭娃娃、ＵＣＬＡ球衣和各種商品、他取得第五百場勝利的那顆籃球、第一千勝的籃球，當然也有他贏得不同年度ＮＣＡＡ冠軍的籃球。他的曾孫女的布偶娃娃小羊也放在那裡，另外就是一面美國國旗、一疊疊的錄影帶。他那笨重的十九吋電視機多半開著，通常正在播放體育節目，否則就是某部舊西部片。他籃球生涯中每一場比賽的數據紀錄全部都放在這裡。此外，好幾個成功金字塔的不同版本也在那裡陳列，旁邊是一疊用透明膠膜封裝好的卡片，方便他隨時拿來送給訪客。我很高興我送他的一九一八年林肯五十美分紀念幣被放在其中一個架子上，他十分欣賞我們第十六任總統。

面對電視機的是一張很舒服的長沙發和兩張安樂椅。沙發上靠枕繡著他崇拜的德蕾莎修女的名句：「我們做不了大事，只能用大愛心做小事。」他的老舊撞球棍靜靜地靠著牆角。總之房間裡每樣東西，從他每一隊冠軍隊伍的照片到孫子孫女手繪並簽名的碟子，都對他別有意義。

客廳內的布置原先是奈麗的傑作，但她過世後他繼續找了很多東西放進來，也許是想填滿她留下的空洞，他拒絕改變任何東西，解釋說：「所有東西都是她放上去的，我不能將任何東西拿下來。」

我再將ＤＶＤ托盤打開及關上，重複了好幾次，也不知道除了將那片《頭號公敵》光碟片弄來弄去還能有甚麼辦法，似乎只剩下找人來驅魔試試看了。

「我們來看看籃球吧，卡里姆，」最後教練說，試著減輕我的尷尬。「總有一個台在播著籃球的。」

真的就找到一場大學球賽，可比賽的兩家學校都不是我們會特別關心的。我們靠著沙發，盯著螢光幕。

有個球員往左邊虛晃一招，轉身向右邊繞過對手，同時用反彈傳球的方式將球傳給跑向籃下的隊友。接著他又切入籃下，剛好接過第二個球員遞來的球。

「好身手，」教練說。

這讓我靈光一閃。

「有沒有想過我們打球的方式就是一種爵士樂？」

他看過來的樣子，好像我瘋了般。

「是真的，教練。你教我們打的是爵士樂籃球。」

他想了幾秒鐘，微笑起來，似乎蠻喜歡這想法。「怎麼說？」

ＯＫ，卡里姆教授，該你上場了，多年以後，好好表現吧。「嗯，兩者都需要一種有架構的自由，」我解釋道。「你沒有教我們跑固定的打法，畫圖加上箭頭甚麼的。反之，你教我們如何因應其他球員的動作而反應。某些時刻我們可以容許單打獨鬥、展現自我，但總是在一個架構之下，觀察其他球員在做甚麼。我們單打或輔助另一位隊友，但我們永遠跟隨同一個調子，就像爵士樂隊那樣。我們在『當下情境中』玩球或玩音樂。」

「在當下情境中玩球，」他重複著。「我喜歡。你花了多少時間準備這一堂課了？」

「五十年啦，」我邊笑邊說。

「這是個有趣的比較，」他說：「當然，要有傑出表現，必須每個人先掌握好基本技巧，然後學會想都不用想，整個團隊就能夠在當下情境中作出反應。」

「對。你有沒有讀過《箭術與禪心》這本書？」

他搖搖頭。

「是李小龍跟我提起這本書的，那時候在他工作室學武術，累斃了。作者是一位德國教授，跟一位禪師研究箭術後寫了這本書。基本概念是，通過年復一年的練習，弓箭手已沒在想手上的弓、箭或靶心，因為毫無意識地他們的身體接管了一切。理論上，禪師箭手不可能射不中靶心。」

「好比肌肉記憶，」教練說。

「完全正確，」我說，聲音不自覺提高，內心振奮。「爵士樂發生在意識心靈之外，和打得好的籃球一樣。」

接著我突然意會到——完全像有個燈泡亮起來的那種頓悟——我看清楚了：雖然我們倆都喜歡有條理的生活，但過去五十年來，教練和我也在玩一種雙人友誼爵士樂。他是年紀較大、較有智慧的大師，奏著複雜的音符組合，我則是且永遠都是剛冒出頭的小子，急於學習但也極想演奏自己的音樂。真友誼的考驗是，遇到生命中的痛苦障礙時，你們有多少次互相扶持、克服難關；而我們的確互相扶持度過許多椎心刺骨的時刻。一方陷入迷失或太疲累、已然無力前行之際，另一方即出手協助繼續將生命之曲演奏下去。有些時候，你從某個朋友學到最多的，不見得一定是從他們說的話或生活態度，而是看當你有需要時，他們人在哪裡。

那一天，就在他過世的幾個月前，我們聊了更多的爵士樂、更多的黑幫和更多的籃球賽。我們就在彼此需要對方之處出現。

打我在UCLA第一天開始，他就一直在我有需要的時刻出現。

那天，伍登教練站在美國籃球史上此前未見的最強一年生籃球隊面前。我們則坐在UCLA板凳上，等待教練吐出智慧的話語。這位教練，就是我們從美國各地奔赴前來追隨的教練。有些人，比如我，拒絕了好幾家學校的全額獎學金，只為了匍匐在偉大的伍登教練腳下受教。

「各位午安，」伍登教練乾巴巴地開始講話。

「教練午安，」我們異口同聲。

他掃視我們，神情愉悅，清了清喉嚨，準備訓話。

我們俯身向前，準備把他的智慧之言刺青般刻在腦袋上，永遠珍藏。

「今天，我們要學習怎樣正確地穿好球鞋和球襪。」

雖然我們絲毫不敢笑出聲來，大家卻相互對看，疑惑著這笑話的梗到底是啥。

他彎下腰，將鞋子和襪子脫下來，白裡透紅的雙腳好像從未曬過太陽似的。「我們來談談將襪子用力拉好，使它們貼腳，」他說。「用力。拉好。貼腳。」

坐在板凳上的這支一九六五—六六年度大一生籃球隊，其中可是網羅了五位全美高中明星隊員呢。我畢業自紐約市的包亞紀念高中，是全國各大學最渴望得到的球員吶。我在UCLA的室友盧雪斯．阿倫來自肯薩斯城，被認為是全肯薩斯州最佳年輕球員。加州伯班克的林恩．沙克福特是個非比尋常的射手，至於同樣來自加州、家住聖塔瑪麗亞的肯尼．海恩茲則是個信心十足、經驗甚佳的前鋒。我們第五位先發肯特．泰勒來自德州，後來終於轉學到休士頓去。來自五湖四海的我們之所以跑到UCLA來，只因為這裡的籃球團隊是所有大學中最好的，是我們充分發展、發掘才能最理想的地方，好讓我們畢業後繼續往職籃邁進的呀。UCLA棕熊隊在我還是高中第三和第四年生時連續奪得全美大學冠軍，我在這裡當新鮮人的此一球季前UCLA也已被認定為很有可能奪得第三個冠軍，雖然今年他們陣中將沒有我、沙克福特、盧雪斯和肯尼的貢獻。那年代，根據NCAA的規定，才剛念大一的新鮮人是不能參與學校代表隊的比賽的。

這就是那位偉大的伍登教練？

用力—拉好—貼腳的伍登？

我們很清楚他的豐功偉業，知道他的籃球隊伍產生過極偉大的球員，我們為了能跟隨他學習極為興奮。這是我們大學四年第一天訓練的開頭幾分鐘，我們正嗷嗷待哺，等著學習將UCLA打造成冠軍團隊的所有技巧！

用力拉好球襪，使它們貼腳就是UCLA成功的祕密？我茫然亂想著，有點垂頭喪氣。好吧，我們來這裡是為了匍匐在他的腳下受教。我只是沒想過事實和字面居然如此貼近。

他對著我們一臉疑惑的樣子咧嘴而笑。「正如富蘭克林說的：『只因缺了一顆釘子。』」他說，但這只令我們更加深陷疑惑。他嘆了一口氣，背誦起來：

只因缺了一顆釘子，就丟了鐵蹄，
只因缺了鐵蹄，就丟了戰馬，
只因缺了戰馬，就丟了騎士，
只因缺了騎士，就丟了勝仗，
只因缺了勝仗，就丟了王國，
一切只因缺了一顆馬蹄釘子。

他聳聳肩。「你們想學好籃球，讀讀富蘭克林吧。」

籃球史上最偉大的球隊，就這樣邁出了第一步。

「要是沒有將球襪拉緊，」他神情堅定地說：「你很可能在襪子裡留了些皺褶。皺褶會把腳磨出水皰來，水皰逼使球員坐板凳，球員坐板凳導致輸球。所以我們不只拉緊球襪，還要使襪子貼腳。」

他示範，我們依樣畫葫蘆。

等我們完成一切，他微笑說：「只因缺了一顆釘子，各位。」

那天，我們走進球館時信心滿滿，簡直臭屁極了，伍登教練給我們上的第一課卻跟謙卑有關。我們也知道，多少球隊球季開始時威風八面，卻敗在球員受傷上，排名逐漸往下掉。任何使你無法上場的傷害都會傷害到球隊。伍登教練之所以能成為籃球史上最偉大的教練，皆因他是如此的關注細節。後來，我們從沒因為磨出水皰而不能參加練習或比賽。

他停頓了一下，確定我們全神灌注聆聽他的談話。這他大可以確定。

「我不喝酒不抽菸，」他再度開始講話：「而此後晚上九點十點你還沒睡的唯一原因是你在溫習功課。」他的印地安那鄉巴佬腔調鼻音濃重，但他神情之氣勢凌厲，使他講的話有種聖經似的份量。「你生命中第一重要的是家人。第二是你選擇的宗教信仰。第三是你的學業：你來這裡的目的是接受教育。第四，無論你在哪裡以及無論你做甚麼，永遠別忘了你代表著這家偉大學府。第五，剩下來的時間，我們就打打籃球。」他眉毛一挑：「有問題嗎？」

沒有啦。

我在ＵＣＬＡ的第一年很不好過，印證了伍登教練當初的警告。在紐約我擁有自己的房間，大部分朋友對此嫉妒又羨慕。從房間窗口望出去可以看到「修道院藝術博物館」，博物館模仿法國中世紀的修道院建成，周遭樹木鬱鬱蔥蔥，我經常想像自己從那裡的高塔爬出來，手上拿著劍和盾牌，在三劍客身旁，就像我最喜歡的小說裡描述的跟壞人打鬥。如果再加上個心懷感恩的美女，當然更好，當時我認識的女生，全都只是幻想出來的。

一夜之間，我突然住在周圍盡是陌生人的ＵＣＬＡ宿舍中，跟這個來自肯薩斯城的盧雪斯·阿倫當室友，共用一個小小房間。阿倫老是精力充沛，看到任何加州的東西都高喊「哎呀我的天！」，跟我在紐約上城的老友迥然不同。可他有極令人喜愛的一面，他毫不自覺的熱情很有感染力。我們成為好朋友，後來在密爾瓦基公鹿隊和洛杉磯湖人隊都當過隊友。

但在ＵＣＬＡ的第一天我有點感覺笨鈍，無法領略周遭發生的一切。走在宿舍的走廊上，人們停下腳步、毫不掩飾地瞪著我看。長這麼大我早習慣了，但不知怎地原先還是預期大學生會有點不同，特別是在加州，不尋常事物他們理應看很多了罷。

大多數人覺得長得高占盡便宜，是件好事，可其實當中有不少吃虧之處是一般人想像不到的。當你七年級（譯注：初中一年級）卻身高六呎五，大人就會開始將你當作成人了。他們以為身高等於成熟，也預期你行為像個成年人：扛起更多責任、面對成敗、更像他們，我整個青少年時期都是如此。我只不過十八歲，但七呎兩吋的身高讓所有人都認為我應該很有智慧、很有責任感。但我不想要很有智慧和責任感，我想活在十八歲的當下，當大學新鮮人，有時做做蠢事。不過我已被制約太久，別人認為我就應該那樣表現，我簡直無法突破這道藩籬。

長太高的另一缺點，是有時會覺得活在不同的平行宇宙中，好像我獨自活在比其他人高的另一個現實世界，而我找不到通往他們的路徑。想像你的頭在一般人頭上四十五公分之處出沒。他們跟你講話必須仰起頭來，但沒多久脖頸痛得要命。慢慢地，對話似乎只出現在可以互相平視者之間，好像有一層薄霧將我和其他人隔開。高度帶來威嚇感。坐在餐廳時，我極不舒服地收攏一雙長腿，好讓朋友能擠進座位來，我永遠好像占了太多空間。在別人家裡參加派對時，四十五轉唱片播放著史摩基·羅賓遜的歌聲，客廳中人擠人地跳著舞，我的頭殼卻快要碰到天花板，感覺總是比其他人吸去更多空氣。

一切都不是故意的，但一切就那樣發生了。

這是為甚麼在UCLA的第一天，我受夠了被瞪著和竊竊私語，於是邁開大步走回宿舍，關上燈睡覺去。我在加州的第一個星期六就這樣過去！

翌日清早電話鈴聲把我吵醒。我睡眼惺忪說了聲「哈囉」。是櫃台打來告訴我去紐曼中心參加基督團契。我跟對方道謝，掛上電話，將被單一拉蓋回頭上。這是我生平第一次主動缺席星期天的禮拜。自此之後，我再沒參加過彌撒了。

我有點內疚，因為母親會很失望，而我很不想令別人失望。路易斯・阿爾辛多總是喜歡討好別人的，是個好孩子，女孩帶回家見她媽媽時會滿臉榮光的那種好男孩。

或者說，我以前是這樣的人。

有一段時間，我狐疑著伍登教練會怎麼想。大家都知道他有著強烈的宗教信仰。他會不會預期他的球員也模仿他？「去他的，」我心想，覺得現在的自己強悍、有主見，脫離了過去的生活。他是我的教練，僅此而已。我在這裡學打籃球，他拿了薪水教籃球，我不需要從他那裡得到任何其他東西。

有時我希望有個時光機，好讓我回到過去踢自己的屁股。喔呵，很快我就發現，關於宗教指引這件事我錯得有多厲害。

在UCLA，運動員被當成電影明星般對待。不過這虛名其實十分空洞，因為我們大多窮得要命。我的獎學金涵蓋了學費和吃住費用，但並不包括其他生活花費。像阿倫和我這樣名聲響亮、風風火火地來到UCLA，可口袋卻空空的。我們選擇UCLA只是為了未來，而那對眼前狀況幫助不大，我們差不多總是阮囊羞澀。更糟糕的是，圍在我們身邊的學生多的是現金滿口袋、有錢名流或企業大亨的孩子，開著BMW或其他名車回到父母在馬里布的豪宅。我們則連個簡單約會的花費都負擔不起。我們球隊幫學校賺來數以百萬計的美元，可是我穿的褲子名副其實的口袋破了個洞。

晚上待在宿舍時，阿倫和我偶爾幻想轉學到另一家較為慷慨的學校。並非很認真的幻想，不過是新鮮人的抱怨而已了。轉到另一家大學意味著損失一年的打球權，而且事實上，還是會遇到同樣的困境。

我從來未跟伍登教練討論過我的不快，我們還沒建立起那種互信關係。我完全獨立，甩掉至少部分我父母辛苦給我灌輸的自我認同，而我還想不出該拿甚麼來填補甩掉的部分呢。

於是我轉回到籃球。我永遠很清楚在籃球場上我是怎樣的一個人，別人對我又有些甚麼期待。

到底我想從伍登教練那裡學到甚麼？我想他將我不屈不撓、永遠想超越自我、要成為偉大球員的渴望和動機轉化為實際有用的技巧，例如持球時的控球技巧啦、如何幫別人掩護擋拆、不持球時如何走動、團隊精神等等。有、有、都有。但我想要的更多，一些不大曉得怎樣講出來的東西。我希望籃球不單是一堆技巧和比賽而已，我需要籃球在我生命中活出意義來。我不期待他會明白我所想的，他是個老人家，古老的五十五歲了，他不大可能了解像我這樣的年輕腦袋裡發生甚麼事。

其實他也沒機會了解我，因為我們大一新鮮人球隊由加利．肯寧漢負責教練。伍登教練則專注在校隊的一軍上，跟我們沒甚麼關連。不過我們每天下午都和一軍同個時間練球，球場中間由一幅巨大的布簾隔開。

「為甚麼用布簾隔開？」有一天我們跑步熱身時阿倫問我。

「我不曉得，」我說：「也許教練不想讓他們看到我們，怕跟我們學壞了。」

「意思是像你跑得有如烏龜那麼慢？」說完他往前衝到我前面。我立刻追過去。以我的身材來說，我算是跑得蠻快的，但沒幾個人快得過阿倫。

三不五時我抬起頭時，剛巧看到伍登教練從布簾邊探出頭來，站在那裡偷看我們。有些人發現他在看，便立刻更賣力練球，企圖讓他印象深刻。我沒有改變我的打法，因為我打球時永遠用盡力氣。我父母親給我灌輸的工作紀律是盡我所能、永遠比其他人更努力。他觀察我們的樣子好像在等雞蛋孵出小雞來似地，但我一點不緊張。不像我的隊友，我充滿信心，事情的發展會符合我所期望。

而且，我也在用力觀察他呢。他的聲望當然值得尊敬，可我們說的是我生命中的四年！暫且不論我希望往後職業生涯如何發展，我必須確定他不是答應了百萬美金最後卻只付我一毛錢。這不是傲慢，而是自我保護，關乎生存下去的大事。我只有這麼一次的機會，只許成功不許失敗。

有時候伍登教練將肯寧漢教練叫過去，說出一些名字，我們隊中幾個人就被送去跟一軍的隊員練球，這一方面有助於我們建立球技，同時讓我們感受一下以後可能遇到的情況——如果我們可以撐那麼久的話。到時，我們將會在一個精銳球隊中打球，大家跑動時像跳芭蕾般精準，但出手時則有如特警部隊般雷霆萬鈞。跟新鮮人隊友練習和跟一軍隊員練習的分別，有如開福斯轎車和開發拉利跑車的差別。

每次練球規畫十分嚴密，精準到每分鐘、每秒鐘、每奈秒要做甚麼都預先全想好了。伍登教練每天早上花兩小時來規畫下午的兩小時練球流程，將所有事項寫在三吋乘五吋的卡片上，另外有本活頁本子，裡面是每一次練球的詳細筆記。其他的教練，大概只會從慣常使用的一堆戰術中抽出一些來練習，年年如此，面對不同的新球員也一成不變。但伍登的帶球哲學是：球隊有如流水。其他教練將球隊看成一疊撲克牌。掉了一張牌，就從那疊牌中抽出另一張吧，撲克牌全可以互換的，因為這些教練只看牌的背面。伍登教練則仔細看每張撲克牌的價值。沒有兩張牌是相同的，每個球員都跟別的球員大不相同。更有趣的是，他了解到就算同一位球員，今天的他和昨天的他也大不相同，每當某個球員進步或退步，整個球隊當下的表現——對其他隊友的觀察以及預測其他人的打球動作——均會受到影響。

有時候他會爬到球館觀眾席最高處，甚至一伸手都可以摸到屋頂，從那裡往下看我們練球；我們看來大概像一群甲蟲跑來跑去吧。其他時候他站在球場邊線上，隨著我們移動而移動，好像我們的影子。

之前我從沒遇過這樣思維的教練。我聽一些教練說過「看整體大局」的說法，但伍登教練卻是用七十毫米寬銀幕在看。又可是，他同時也用顯微鏡的細微度在看球隊。

每天早上他在卡片上親筆寫下下午球隊的訓練重點，還有給某些球隊量身打做的訓練要求。我從未遇過像他那樣，眼盯著細節，全心全力投入球員的培養，待球員如人而非只是個號碼。

偶爾我們偷偷笑他怎麼會那麼專注，但也偷偷地鬆一口氣，慶幸他如此嚴肅看待我們表現的好壞，絕不妥協，非要我們表現得最好為止。他覺得他的工作是協助我們找出自己能走多遠以及充分發揮潛力。結果我們走得比任何人能想像的都要遠得多，可也比想像中困難得多。

是的，他自我鞭策著、盡力要成為最好的教練，但他從未想要跟我們發展亦父亦友的關係。他是我們的教練，意味著他對我們每個人都有一份責任，但他將這責任看成是一種感召，而不單是一份工作。他不但穿著像個周圍流浪的中西部牧師，他還真的狂熱地除了要我們成為好球員外，也要做個好人。那時候我們卻看不懂這點，也或許只顧著打球，對他的這部分熱情無啥感覺。

事實上，一群正處於成長期的青少年連續被你帶四年後，他們不可能不受你的影響而改變的，同樣地，你也因他們而改變。開始時他也許只是新鮮人隊的高層教練，一切只為了籃球，但他內在的熱忱發動起來，沒多久他已不那麼像鐵血教官，而較像電影《小子難纏》裡的空手道大師公城先生。

世人對伍登教練的最大誤解，是以為他一心一意志在贏球。這是個十分容易發生的錯誤，因為他是歷史上贏球最多的教練。但事實上並非如此，正好相反呢。

「問運動員喜不喜歡勝利就像問華爾街股票經紀喜不喜歡賺錢，」伍登教練告訴我們：「當然我們想贏球。我喜歡贏球，但贏球不是我們的目的。」

我甚麼也沒說，這明顯是體育界的大禁忌。有些犯比這更輕微錯誤的人，都曾被放到火上拷打。

一位新鮮人隊友舉手發問：「山達斯教練說：『獲勝不代表一切事情；它是唯一的事情。』」他微微咧嘴一笑，覺得占了一次口舌便宜。

伍登搖搖頭。回到一九四九年，有次UCLA美式足球隊輸了給南加大後，據說教練亨利·羅素·山達斯說出那句名言。立刻，各類運動的教練紛紛用這句話來鞭策他們的隊員，激勵他們贏取勝利。

「勝利是下苦功的副產品，」教練耐心地解釋：「就像珍珠是蚌努力對抗寄生蟲的副產品。」

「我以為是一坨沙，」有人說。

伍登沒理他。事實就是事實。「我們的目標是努力下苦功。將你自己推到極限——無論在體力上、情緒上或精神上，從中得到的滿足感，就是你的獎賞。我深信當隊上每個人盡己所能地努力下苦功，直到大家都感覺到那種滿足感的光芒，心中滿是平靜，那麼這個團隊就準備好應付任何事和任何人了。接下來，勝利通常是自然、難以避免的事。」

對新鮮人來說，這簡直是瘋言誑語。教練是不是中風了？贏球可帶來觀眾購票看球賽、校友捐款，還有電視轉播收益；輸球不會帶來任何好處。他的工作以及我們的獎學金全靠贏球了；這是殘酷的財務現實。

多年以後，我才充分領略這堂課的真諦。我還滿相信當初耶穌告訴他的追隨者，一邊臉被打，將另一邊臉也轉過去時，他們大概也說：「你說啥？」他們慢慢才能接受這概念。儘管當時我這個新鮮人十分景仰伍登教練的觀點，還是覺得這想法太超過了。對我來說，下苦功是為了打敗你的對手。滿足感就是球賽完畢離開球場時，粉絲對著你們尖叫而不是為你的對手尖叫。可是慢慢地，一場場比賽過去，我開始看明白他的勝利之道。

讓我往他的觀點傾斜的原因之一，是目睹他贏球或輸球後的反應及態度，特別是重要的比賽，重中之重的一場比賽，是一九六八年一月二十日對休士頓大學美洲豹隊那一場，當年大家稱之為「世紀之賽」。這是首次ＮＣＡＡ大學籃球常規賽獲得電視台青睞，在黃金時段對全美轉播。之前一年，我們和休士頓在ＮＣＡＡ錦標賽準決賽中碰過頭，我們以七十三比五十八擊潰他們，後來還奪得總冠軍。而由於此時我們已連贏四十七場，因此大家對我們特別看好，結果卻在最後幾秒以七十一比六十九、兩分之差輸掉比賽。我在這場比賽中表現，是我整個大學生涯中最差的一次，命中率不到五成。很自然地，我將表現不好歸咎於一星期前在另一場賽事中眼睛受傷。整個球隊情緒低落，我們在全國電視上幾百萬觀眾面前被羞辱！但伍登教練一派輕鬆地溜進更衣室，聳聳肩膀跟我們說：「今晚他們打得比較好。」沒有藉口，沒有責怪，也沒有貶損對手。

我內心既忿恨不滿卻又羨慕他，胃裡翻騰，好像吞了條梭魚，牠在我肚子裡看到什麼吃什麼。伍登則看來神采奕奕，一副準備再戰一場的樣子。真希望我也有那樣的感覺。他要回家了，無疑會安然入睡。我則會躺在床上看著天花板，回想著每一個球的處理、每一分、沒投進的每一球。

接下來的常規球賽，休士頓和我們均再沒輸過，終於在NCAA錦標賽的準決賽再度相遇。這次我們徹底摧毀他們，分數是一〇一對六十九。更衣室裡我們興高采烈，慶祝復仇成功。伍登教練走進來，臉上神情跟我們上次輸球時差不多。他恭賀我們打了場好球，又確保我們知道要表揚傑利．羅曼教練，因為他的「一盯人四鑽形」聯防讓我們成功防守住對方的頭號得分手埃爾文．海耶斯，他平均一場球賽可得三七．七分呢，但那個晚上他只拿到十分。

他走出更衣室了，我知道無疑他要回家去，再度安然入睡。我則會大事慶祝，然後躺在床上，回想著每一個球的處理、每一分、沒投進的每一球。

多年後我問起他這一點。「輸球時謙卑，贏球時則謙虛，」我說：「你實在太厲害了，真有點叫人討厭呀。」

他很驚訝：「真的？我從來沒想過這件事。」

「是呀，你讓我們這些平凡人看起來糟糕透了。」

他笑：「相信我，路易斯，我跟身邊任何人同樣平凡。」

「你身邊的人是甘地。」

他再次笑起來。「我一直告訴你們這些小子贏球不是目標，盡力而為才是。」

「你打哪得來的想法？《聖經》嗎？」

他搖頭：「吉卜林。」

「《叢林之書》？」

「不，是〈如果〉。曉得這首詩嗎？」

「很模糊。我們十或十一年級英語課上讀過。」

「這是一位父親給他兒子的忠告。第二節是重點。『如果你有夢想——但能不被夢想奴役；／如果你會思考——但不以結論為目的；／如果你能面對成功及災難，／能將這兩個假象同等對待。』最後，他說如果他兒子能依循這四節忠告，『這世界將屬於你，／而——更重要的是——我兒，你將成為男子漢！』」

「四節詩的忠告，哈。你終於遇到對手了。」我喜歡取笑他有如百科全書般，知道一堆作家以及每當他要闡明某個觀點時，能隨口引述句子。到最後他仍樂當個英語老師。令人啼笑皆非的是，這些煩擾後來蛻變成我的珍珠；大眾也認為我為了說明某個觀點而喜歡引用其他作家的話、詩、歌曲或電影。被問到我在文學上受到甚麼的影響時，我想我必須說是莎士比亞、藍斯頓·曉士、詹姆斯·鮑德溫，還有伍登教練。

「我提到的句子，路易斯，重點是成功及災難是同樣的事物，他們同樣是假象，因為他們都是短暫的過眼雲煙。更重要的是成為一個有信念的人。更永久的快樂於焉誕生。」

「換句話說，贏一下，輸一下。」

他假裝被激怒，但他曉得我是在開玩笑的，一如往常。

我說：「他是不是還說過甚麼每分鐘都要跑步？依稀有點印象。」

「『如果你在有限的一分鐘／都努力跑六十秒的距離。』」

「就像你的訓練，」我說。

他笑笑，點點頭。「就像我的訓練。」

花了一點時間——好吧，花了很多年——我才能達到將成功和災難視為假象的境界。當你的生計全憑勝利來論斷，哪能輕鬆達到那種平衡境界？籃球生涯逐漸接近尾聲時，我的確較能維持那樣的心態，無論輸贏，離開球場時我的感覺同樣平和，剛剛發生的一切已成過去，而我已曾盡力把球打好。退休之後，我開始全職寫作。書、文章、電影、小說，甚至漫畫，每一次都是挑戰，因為知道總有人會評論說：「回去打球吧，卡里姆。」但我只是繼續寫、重寫，潤色稿子然後又再重寫，把我所有的一切傾瀉到字裡行間。這個努力盡我所能的過程十分愉悅。稿子後來如何，是成功抑或是災難，沒那麼重要。

生命中有個教練朋友的好處是，每當我有所動搖，他總在那裡提醒我。我也喜歡認為，當他遇到成功或災難時我亦曾伸出穩定的雙手。

伍登教練的籃球金科玉律——用在人生亦可——是一句短句：「沒做好準備就是準備做不好。」這是從富蘭克林借來的，但他將之融入到他的體系內，應用在球隊的所有事情上。有時他用力大聲喊這句話，有時則輕聲細語的說。無論如何，他不斷唸著這句話，好像想讓這句話滲到我們腦袋裡，每個字像霓虹燈般閃個不停。「天賦占第一位，」他說：「缺少了優異的天賦，任何人都贏不了——但也不是每個具有天賦的人都能贏的！」

天賦只能讓你成功到某個地步；準備充分才能讓你走得更好更遠。

落實這種哲學的其中一個方法，是透過體能訓練。我當時只有十八歲，剛在全美高中冠軍隊中打滾過，我以為我的體能已經極好。他證明了我大錯特錯。

「一般說來體能較好的隊伍總會勝出，」他這樣告訴我們：「你想知道為甚麼有那麼多比賽都在最後十五分鐘贏得或輸掉？因為其中一隊力氣放盡而對手還有力氣。我們要成為那另外一隊。疲乏的球員投球比較不準，防守較不積極，搶不到籃板。那永遠不會是我們的隊員。」

而要是我們有人膽敢提到運氣，比方「嘿，老兄，那一球真是運氣好」或者「他們那場球賽只是運氣好，」他立刻反駁一句回來：「你越用功苦練，運氣就會越好。」

從我加入大一新鮮人球隊那天直到大四最後一天的訓練，我們都要跑步，跑完再跑。伍登教練的籃球隊裡沒有捷徑這回事，任何動作你要不斷練習直到正確為止，接著又再重複練習這動作。從那些漫長午後訓練學到的基本理念支撐著我、得以延長我的職籃生命，共打了二十年，比任何球員都要久。我一直覺得，在UCLA的體能訓練，是我能夠在NBA這樣高強度球賽打這麼多年的最主要原因，其他很多球員都無法打這麼久，例如張伯倫。張伯倫全心全意只想比其他球員強壯，但他跑不太動，身體也不夠柔韌。等到年紀漸大，所有需要速度和敏捷度的動作他都越來越無法做到，因為他力氣只花在舉重上。

UCLA的球隊訓練通常排在下午兩點半到四點半間，這是為甚麼伍登要我們將頭髮剪短：傍晚時分天氣較涼，他害怕頭髮濕漉漉地走到冷空氣中比較容易著涼，然後，他指出，如果我們生病就不能打球，不能打球全隊都要遭殃。我都不敢指出，感冒是由病毒引起而不是濕頭髮！

每次訓練完畢都累得要命，回到宿舍房間撲到床上，睡到晚上九點。起床，做功課做到半夜十二點，回去睡覺。真不是大家以為球星會過的多姿多采生活。

加入職籃的第一年，此前的嚴格體能和耐力訓練的效益充分顯露無遺。進入ＮＢＡ時，我懂得怎樣得分、傳球給有空檔的隊友、怎樣蓋火鍋和搶籃板球。但我擁有另一項隊友沒有的能力，起先連我自己都沒意識到，那就是我已然將工作全面融入日常生活中。我從沒質疑過，我就這樣做了。所以我的體能狀態比所有第一線球員都要好，跟隊上的後衛比起來也不差。三百碼衝刺練習時我是全隊中跑最快的。

ＮＢＡ第一年開始不久，我們在克利夫蘭出賽，我是場上唯一大殺四方的，拿下三十七分，大約十五個籃板，蓋了幾個火鍋外加幾個助攻，但其他人打得有氣無力地。教練拉里．科斯特洛氣瘋了。球賽結束後他在更衣室裡逐個球員罵，輪到我時他停頓了一下，指著我說：「他是唯一一個有在用力打球的人。」時為ＮＢＡ新鮮人的我十分感激他的公開表揚，因為這代表我贏得隊友的尊敬了，內心則默默感激伍登教練逼迫我達至體能巔峰。

伍登每天排定的訓練，我們當然努力練習，但他有時想讓某個球員單獨練習一些技巧，就會把我們從球隊叫出來幾分鐘，跟我們說明。平常訓練時他並不多話，但經常親身示範教導我們。當他要我們走到某個位置，他就把我們指揮到該位置；要我們用某種方式傳球，他會示範怎樣傳。我們做足各種戰術練習，分隊對抗。他唯一沒時間做的就是浪費時間。我們從一套練習轉到另一套練習，要是有人稍微鬆懈，我們立刻會聽到他說：「得了吧，小鬼，別停下來！如果你太累練不了球，你也累得無法上場比賽了吧。」

他有個規矩，我們練球時不准喝水；只給我們鹽餅以防我們抽筋。他一直沒解釋這個不准喝水的邏輯，也許他認為這樣會讓我們變得更強悍，像法國外籍兵團被強令行軍通過沙漠之類。又或許他覺得停下來喝水拖慢練習進度。無論原因為何，總之我們覺得很辛苦就是了。有些球員偷偷摸摸地吸咬濕毛巾。一有機會，我們就偷跑到飲水器那裡喝水。記得有一次我告訴他，我們如何趁他分心或沒注意時偷喝水，狡猾地朝他笑，為騙過他十分得意。「路易斯，」他說：「你真以為我不是故意給你們機會去喝水的？你們不是我帶過的第一隊呢。」

有時他單獨指導我。我很喜歡那些私人補習的時刻，因為我知道隨著每一段單對單的講解，我都會學到使我成為更好球員的知識。我們倆看來一定有點奇形怪狀；我們站在邊線上，這個五呎十吋男人站在我身旁，給我這個七呎二吋高大中鋒示範搶籃板球的基本技巧。「搶籃板其實是搶位置，路易斯，」他強調。「如果你站對位置，是否身材壯碩無關重要。在籃框周邊的身體接觸、推來撞去，其實全為了占到最佳位置。比對手更快搶到好位置，就能抵銷掉他的身材優勢。」教球時，他通常手拿籃球，雙眼直看著我的眼睛，盡量縮短和我雙眼的距離。不知怎地，當我們這樣溝通練習時，他聲音裡的權威感讓他「聽起來」高很多。

練完所有套路後我們分隊對抗。比賽中很多看起來臨時起意的打法或動作，其實是無數小時練習後的成果——我們的反應終於達到可以臨時起意、瞬間動作的地步。我們沒有任何固定的打法。我們的確有一套基本的進攻系統——你去這裡，他去那裡，跑到這邊的角落，站在那個位置等等——接著我們從中演變出幾個可能的打法，視乎對手當時如何防守我們。至於進攻體系，重點則在場上五個球員要成為一體，懂得機會何在以及利用這些機會。

每次訓練都以射罰球作結束。我們每個人都要連續投進兩個罰球才可以離開，不成功就一直投。然後，就在我們回家前，他會提醒我們——字眼也許稍有不同，但永遠同一意思——「記住記住，今天我們如此辛苦努力完成的成果，可能因為你從現在到下一次練習之前一個壞決定，就前功盡棄。」

我們可能做出的三個頭號壞決定是嗑藥、喝酒和性愛。酒精已被接受為校園日常，視作有助釋放壓力的溫和方式。但我們當時是六十年代，毒品在全美各校園內氾濫成災，與性革命相互推波助瀾，冒升之快速，令伍登教練的保守價值觀大感吃不消。他打的是一場輸定了的戰爭，對手是美國歷史上最巨大的文化和政治轉變。

儘管教練不斷循循善誘，我們隊上有些人還是有在抽大麻。還在紐約時我就曾接觸過大麻，偶爾還試過跟朋友一起嘗試。進了大學，這更給人很潮的感覺，像是除了滿足癮頭之外，還作出一種反文化的宣言似的。對我來說，大麻則有助舒緩我越來越頻繁出現的偏頭痛。我也生平首次實驗式嘗試過迷幻藥，但很快便發現自己極不喜歡快要失控的感覺。

至於我們的性生活，只有當伍登教練覺得情況可能出現危險時，他才會介入。而他看到的最大威脅是跨種族約會。對他來說，異族間的約會是個新現象。他毫不知曉這在校園裡已十分普遍，特別是他的球員呢。他私下裡和一位跟白人女生約會的麥克·華倫討論，又和正在跟一位亞裔美國人約會的海因茲懇談，警告他們可能出現的外來反彈。他從沒反對異族約會的想法，但在他長大的地方，三K黨對類似事件可不會寬容以待，他害怕我們會碰到極端暴力傷害。他想保護他的孩子們，但卻有點脫節了，不了解文化轉變之快速。披頭四出現了，民權運動抗爭遊行不斷，反戰抗議風起雲湧，女性要求的權利，是大家從沒想過她們原來是被忽略的一群。空氣中瀰漫著反叛的氣息，甚麼都無法阻擋，甚至好心善意的教練也攔阻不了。

伍登對體制的信心有點弄錯年代，這事情頗為有趣，有點像攜帶懷錶或星期天開車到郊外兜風之類的。就算不同意政府的某些事情，他仍然信任政府終於會做出正確決定，因為他相信人——甚至政客——本質上是好的。有一次UCLA隊友重聚敘舊，比爾·華頓憶述伍登教練發現他去參加和平抗議被逮捕時，是多麼的生氣。伍登把他從監獄帶出來，開車送他回家，怒火中燒，悶不作聲。最後他說：「你怎麼可以這樣做？真讓我失望。讓UCLA失望。讓你爸媽失望。」當華頓回嘴說他痛恨戰爭，戰爭多麼邪惡等等等等，教他意外的是，伍登完全同意。但教練的解決辦法是意料之內的優雅有禮。「被逮捕不是個好方法，」他說：「你應該寫信去抗議。」

對我、對華頓和這段時間替伍登打球的球員來說，這正是幾百年來當權者最喜歡用的老掉牙說法，面對要求社會公平的聲浪，他們就說：「輪到你再說。」寫信吧，用強烈的語氣寫吧，我們到時候會給你回覆。關乎民權運動，多年來我都聽到一模一樣的回應。「到時候」的意思是「永遠不」。

伍登從不將政治帶到球隊來，但我們將政治帶給他。他從未跟我們討論過他的信念，從未問過我們的信念。他毫不在意我們的想法，只在意我們的行為。無論在球場上或離開了球場，他都預期我們對別人公平和尊重。很不幸地，時代轉變得實在太快太戲劇化，公平和尊重如何定義已不像多年前，是個可以一刀切的事情了。

人們經常問我跟伍登之間是否有過爭辯或不和，但事實上我們是支常勝軍，當你不停贏球時，就算那不是伍登球隊的目標，可大家也不敢跟成功作對。如果他告訴我們睡覺時將內褲放枕頭底下，我們大概都會照做。相對地，他不停鞭策大家準備一切，所以我們永遠覺得信心滿滿，面對任何對手，無論他們拋出什麼武器我們都準備好。

不過練習沒有使我們變完美。我在那裡的四年，我們還是輸了兩場比賽。

比爾・華頓、伍登教練和我合影。這是一九九七年我五十歲生日派對上拍攝的。
（照片提供：Deborah Morales）

伍登教練的打球哲學，日後證明是我一生受用不盡的寶貴一課。答應了演講後，我將想說的寫好，練習再練習。寫文章或書稿時，我研究又研究，然後蒐尋更多的資料。現在，我的對手就是我自己以及我的惰性。從伍登那些體能訓練學來的自律，讓我能面對「我」這個對手，而且取得勝利。

伍登十分強調團隊的重要性，比甚麼都重要。他說贏球靠團隊，不是靠個人。個人在一支優異的團隊裡有表現的空間，但他的表現必須要能讓其他隊友也提升才行，這是一種合作關係。任何人都不是當其他蝙蝠俠的羅賓，我們是正義聯盟，每個隊友各有獨特才能，沒比別人更特別。

這是為甚麼伍登教練痛恨看到有人在練球時炫耀球技，甚至不准我們灌籃。練球是工作時段；我們跑步、反覆訓練、分隊對抗比賽。我們不會嘗試花俏的新招。拿奧斯是一九五〇年代中期ＵＣＬＡ的先發，是說服我到這裡來的其中一人，他告訴我他是怎樣學會在伍登的戰術系統中打球的。他沒看隊友卻把傳球傳過去，這樣傳了兩次之後，伍登直接了當說：「別耍花招。」隊友強尼・摩亞將拿奧斯拉到一旁警告他：「雙手拿球，你會有機會上場打球。不要玩那些不看人花招，否則你就等著坐板凳看我打球。」我聽後深以為戒。

在UCLA打了四年（一九五九至一九六二）籃球的後衛強尼．格林被伍登譴責後，學到同樣的一課，「教練群覺得強尼有點難以理解，」有次伍登跟一位記者說：「看看他訓練前的暖身動作。強尼經常將球打在地板上，嘗試讓球從地板彈起後進網。我告訴他我不覺得他比賽時需要這一招，但接著他又做些更可笑的事情。」

也許伍登不喜歡花招，但事實上他也相當有彈性，假如有些創新動作真的成功時，他也會欣賞甚至採納。多數籃球粉絲不知道高吊傳球是在UCLA發明的，主角是拉利．法瑪和格力．李依。我想假如他們平日練球時玩過這一手，被伍登看到，他們就不可能使用這招了。不過這是在一場正式比賽中無意間發生的。當時，法瑪正按照典型的UCLA快攻形式沿邊線狂跑，但這次對手已準備好迎接他，於是他突然轉身貼著對手身旁閃過去，切到籃下，此時李依——一個世界級的排球員——突然將球拋高，越過所有防守球員，就像打排球時給攻擊手做球那樣，法瑪跳起來，半空中抓住來球，直接放進籃框內。這打法從基本進攻型態演化而來，不是預先計畫好的，機會就這麼自然地出現了。「那是一次誤打誤撞，」法瑪解釋道：「我們從沒討論過，從沒演練過，一個暗號都沒有。我們只是眼神接觸，每場球賽來個兩、三回。假如這行不通，或高吊球被對方攔去，教練一定將它廢掉。但這打法運作得好極了，終於有一天他說：『我們大概應該好好練習一下。』」

這是爵士樂籃球最極致的呈現：靈光一閃、神來一筆的音符組合將整首曲子推上高峰。伍登察覺到這次創新的潛力，將之融入原先的體系內，顯示他懂得玩球隊爵士樂，而不只是一個站在外圍指揮的教練。就像他經常說的：「失敗並不致命，但不懂得改變卻可能致命。」

伍登教練真正有興趣的一招是我的「天鈎」（skyhook）。他愛稱這打法為「路易斯的扁平鈎。」這是由一九五〇年代偉大的職籃選手喬治．麥肯帶起來的流行打法。掌握了其中竅妙的球員十分喜歡這招，因為甚難防守，幾乎不可能被蓋火鍋。我是在小學五年級時跟曼哈頓學院一個名叫喬治．黑杜克的大學生學到這一招的。那時我在聖猶達文法學校念書，我的教練法雷爾．霍普金斯請黑杜克來調教我們。「我們隊上有個小子，路易斯．阿爾辛多，」霍普金斯告訴黑杜克：「我幾乎無法派他上場。他一拿到球就掉球，完全不懂得運球，也不懂投球。」但籃球界有個金句：唯一無法教的是身高。我已身高六呎了；唯一需要學的是其他所有技巧啦！

黑杜克叫我練習喬治．麥肯的投球。他的說法是：「我告訴路：『走到籃框左邊，往罰球線方向走大約兩步，雙手高舉；我會將球抛給你。接住球之後先維持那姿勢。我不要你手降下來，也不要運球，就只是高舉著球，往邊線跨一大步，離開籃框，轉頭視線越過你左肩看向上方的籃板，用手腕輕輕將球甩過去。』」

黑杜克跟我練了半小時不到，先練左邊，打一開始感覺就好極了。這是我學會的第一樣籃球技巧。球不一定進，甚至不一定碰到籃框或籃板，但我很努力練習。我好朋友麥克·凱利的爸爸在聖猶達當清潔工，他給我一副鑰匙，晚上或體育館沒人在用時，我可以自行進去練習。我晚上十一點前一定要回家，但九點半到十點四十五分之間可以盡情練習，不斷練習、再練習。這動作我覺得很自然；經過很多小時的練習後越來越準了。動作做對時，這是個很優雅、賞心悅目的投球方式，因為其中牽涉了韻律和平衡感。名將奧斯卡·羅伯森將天鈎和芭蕾的單足旋轉相比擬。

到了八年級，我這招越來越厲害了，有一次我和兩個朋友——左撇仔和小東西——在公園跟黑杜克、亞瑟·肯尼和安哲羅·凱亞雷羅玩三對三鬥牛，結果我們贏了！他們可都是大學生呢！黑杜克把我教得太好了，結果他都蓋不到我火鍋！

一直到小學畢業，我不斷練習天鈎，事實上整個籃球生涯我都不斷地練習，左右手都能投，而且終於不用靠籃板的幫助，可以直接命中籃框。這招在籃球場上施展開來時，動作不會顯得笨拙。直上，直下，差不多無法可擋。

到了八年級我還覺得這是籃球運動中最棒的一招，但就在八年級的某天，我成功完成生平第一次灌籃。然而這天做得到，第二天卻又不成功了。感覺好像前一天還能飛，下一日突然飛不起來。其實灌籃一點都不優雅，完全是個強力動作，傲慢地展示主宰能力。還記得其他所有小子抬頭看著我，神情訝異。路能灌籃！路能灌籃！隨後，我走路有風，彷彿我和全世界有種別人沒有的感知。

可是，伍登不喜歡灌籃的方式。他理解結果，他只是不喜歡缺乏美感的部分。他相信籃球是一種美麗的遊戲，應該以靈巧取勝。多年後他跟《洛杉磯時報》一個專欄作家說：「如果今天我帶的球員誇張地灌籃，我會叫他坐板凳。」但出於得向現實低頭他又說：「我可沒說他會坐多久。」

我的到來迫使伍登重新思考他的許多觀念。我是一種實驗，同時也是催化劑，促使教練進一步蛻變。之前他從未帶過像我這麼高大的球員。「我必須承認，路易斯來到UCLA時我並不知道應該怎樣用高大球員，才能獲得最佳效果，」多年後他寫道。「我有些想法，但他出現之前無從決定是否行得通。所有那些我覺得高大球員可行的打法總要有個高大球員才能進行測試呀。」試圖弄清楚該怎樣用我，迫使作為教練的他走出待了很久的舒適圈。他必須隨機應變，創新。他必須學習怎樣玩爵士樂。

一九六五年十一月二十七日，伍登教練首次管窺到我們合作的未來將會是何模樣。那天是波利球館開幕日，當天由我們大一新鮮人隊跟UCLA校隊進行一場友誼賽，可容納一萬三千人的球館坐了一萬兩千人。校隊是大熱門，大家預期他們會連續第三年贏得全美大學錦標賽，我們卻在眾人面前輕易打敗他們，比分是七十五對六十。其實分差還可以更大，但時間還剩下四分多鐘時肯寧漢教練將我們的先發全換下來。比賽過後，伍登教練寫道：「立刻，路易斯能帶來甚麼貢獻以及將可以如何主宰比賽，便十分明顯了。」

伍登教練和我在天鈎——或他口中的扁平鈎——相遇。我們像兩個努力要使一部引擎盡善盡美的機械工，研究天鈎將我們二人聚在籃球場上，給我們長時間相處的機會。我們都講流利的籃球語言，這是種不牽涉情緒的語言。他很愛這一招，看到許多我沒想到的可能性。「這幾乎是無法阻擋的，」他告訴我：「要是你能做到完美，它能讓你主宰比賽。」

灌籃十分討喜，觀眾很愛看，但這需要某種比賽的節奏和流動。天鈎則是我的絕招，差不多一拿到球就可以隨心所欲地施展出來。我們不斷鑽研它的各個層面。

等我們完工時，天鈎成為籃球史上最有辨識度的一招投球方式。我習慣橫走兩步，好把球儘量拋高。他督促我練到不走那兩步，這樣我出手能夠更快。他又要我更靠近籃框，那一來基本上球可從我指尖滑出去，滾到籃框內。最後，對照於將球從頭上拋出一度高弧曲線，他指示我：「讓球靠近身體。我要你的手、手肘和膝蓋互相靠近些，成一直線。我不要你站到離籃框八、九呎之外，你拿到球直接往上投即可。」那一來防守球員更封蓋不到我的球了。我可以以較為直線的路徑來投球。「執行正確的話，那是無法防守的，」他不斷提醒我。

執行正確是關鍵。我們很用功練習天鈎，動作越加流暢。依據伍登的指示，我左手往外伸出，在防守者和我之間創造出距離，轉身，以左腳為中心跳到空中，右手輕柔地把球往籃框投去。他是對的：對手根本不大可能阻止得了我投球，或者是封蓋我投出的球。

時機簡直完美極了。就在大三球季開始前，NCAA宣布灌籃為非法，說這種投球方式「不具技巧。」伍登對這個一般被稱為「路．阿爾辛多規條」的判決毫不意外。事實上，起初他擔憂NCAA會採取更極端的措施以抑制UCLA的籃球霸主地位。而此時所謂UCLA，指的就是路．阿爾辛多。當時我對這些一無所知，但其實他害怕的是NCAA將籃框的高度提高，或在更為極端的情況下，乾脆禁止我比賽。

職籃生涯快結束時，我才發現伍登教練曾投過反對票，意圖廢止灌籃。我對伍登的正直性格一清二楚，絲毫不會覺得他背叛過我。儘管如此，我還是忍不住問他為甚麼會那樣做。

「教練，你為甚麼會投票反對灌籃？」

他回答時沒有半點遲疑：「我覺得那對籃球比賽的整體發展會比較好。」

「對誰的籃球比賽比較好？那對UCLA傷害最大。」

他遲疑了一下，然後嘆了口氣：「這是個醜陋的招數，路易斯。除了蠻力啥都沒有。」

我有點被刺痛。我不是以蠻力打球聞名的。對我來說，灌籃講究的是時機控制，也很優雅。

「籃球講究的是團隊合作，」他繼續說：「灌籃則只是要羞辱對手。」

這個議題我們始終無法達成共識。

判決出爐時我相當不高興：整個NCAA合起來只為了蓋我火鍋！我很難不覺得那是針對我。伍登教練對外評論時說，那是因為休士頓大學球員在一九六七年NCAA錦標賽暖身時灌籃，將籃框弄彎了，聯盟才決定廢止灌籃動作的，但沒人相信這個說法。現實情況卻是：灌籃再也不是我的攻擊利器之一。

伍登教練按習慣地採取最樂觀的態度來面對，告訴我：「你是或不是原因一點分別都沒有。這將會使你成為一個更好的球員，你會把其他打法鍛練得更好更全面。」

一開始我不相信他。這就好像跟名棒球手漢克．亞倫說他需要練習左打一樣。但其實我的不信任來自內心對於廢禁令揮之不去的憤怒。就算天鈎練到完美又怎樣？他們還不是可以將這打法廢掉？伍登明顯理解我的失望，可是他沒理我，繼續督促我練習天鈎。他的固執堅持對照著我的急躁煩悶，結果讓我們建立起更緊密的關係。我慢慢明瞭他就是不肯放棄我。我知道他希望我將天鈎練到完美無瑕，能在球賽中充分發揮效能，但他的態度總帶著種寬容的諒解，讓我感覺他更想教我的是怎樣面對失望和憤怒，如何繼續往前推進，如何忍耐。

伍登教我以技巧，將鈎射變成我的招牌天鈎，這幫助我通過大學和職業籃球的考驗，奪得冠軍。但他教會我的真正一課是關於不屈不撓、堅持不懈和適應逆境，這些幫助我在籃球場外也得以度過人生的諸般考驗。

大二那年跟明尼蘇達大學一場比賽中我封蓋了對方投出的一球。這可能是為什麼我們最後以九十五對五十五分贏得這場比賽啦。（照片提供：Norm Levin, Natural Portraits & Events）

一九九〇年代一個星期天下午，我們坐在他家的小窩裡，觀看NCAA錦標賽。我忘記是哪兩隊在比賽了，但排名較低的隊伍爆冷打敗了熱門強隊，他們的教練正在賽後接受記者採訪。他顯然極以他的球隊為榮，告訴採訪者說：「他們付出了百分之一百二十的努力！」

「不，不，不，」伍登教練說：「我的老天爺呀！」

我的老天爺？很嚴重喔！

指著電視上那個教練他問我：「有沒有聽到，路易斯？那真太荒謬了。百分之一百二十？」

伍登並不反對使用某些符合他嚴格標準的體育金句，但有些毫無理性的則會惹他反感，像這一句。

「老天。古往今來沒人能夠付出百分之一百二十的。你就是無法付出百分之一百二十，數學上或體力上都不可能。百分之百已是完美，而連百分百都難以達到吶。」

「教練，這只是一句口頭禪罷啦，」我說，試著讓他冷靜下來。「為甚麼你會為這種說法那麼激動？要是你想糾正體育廢話，我寧願你說：『團隊（team）裡面沒有我（I），只有團隊。』我恨死那句了。」

一如往常，我不隨著他的牢騷起舞時，他就把我忽略掉。

「有一次我在波士頓參加座談會，跟喬治．艾倫還有里德．奧爾巴赫。艾倫教練告訴大家，他永遠要求球員付出百分之一百三十。於是我舉手，他點到我時，我問：『艾倫教練，你怎麼可能從你的球員榨出百分之一百三十？』他問我甚麼意思，我解釋說：『我連百分之一百都從來無法從任何人榨出來了，我只不過盡量要求而已。所以我很好奇你是怎樣做到百分之一百三十的。』他想了一下，回答說：『伍登教練？請坐下。』」

我靜默了片刻，然後說：「但『團隊』（team）這個英文字裡包含了『我』（me）這個字啊。」

他盯著我看，良久，突然笑出聲來。

就在那一刻，那開懷的一笑，自我解嘲的能力，笑我，笑世間教練要求付出百分之一百三十。我就是愛這樣的他。

第三章

膚色的束縛
無法容忍黑皮膚

當我和敵人成為朋友之後，我不也等於消滅了這個敵人了嗎？

——約翰・伍登

和伍登教練的諸般互動中，最令人侷促不安和尷尬的必定是跟種族相關的了。球場上，他的發號施令與我的衝鋒陷陣可謂合作無間，十分順遂。而我們長達幾十年的友誼之間，友愛和尊敬也毫不費力地流動著，簡直像一對水上芭蕾表演者或音樂劇的舞者。可一旦牽涉到種族問題，我們就找不到一個舒適的平衡點，立刻有點全身發癢、坐立不安。在UCLA的四年間，我們一起面對種族歧視者、討論美國黑人的困境，也處理了球迷之間的相互敵視。但這些並沒將我們拉得更近。

他不大明白，當你身在美國而且是個黑人，一切都和種族有關。

這句話對非黑人來說似乎有點挑釁意味，但那是因為他們不用每天面對身為黑人所帶來的後果和負擔。他們透過電視的灰白鏡子的倒影、分黨分派的電台DJ，還有報章上的文章——將人們日常慣見的恐懼過濾後寫成的幾欄文字——見證著種族主義四處肆虐的效應。對非裔美國人而言，美國白人對相關問題省悟不足，沒有找出問題的熱忱，更沒有興趣動手解決問題。電影《關鍵少數》裡有一幕頗能反映這情況：美國航空與太空總署帶領女性員工的主管是一位白人女性，她手下一位黑人員工桃樂絲・范恩被她折磨得蠻慘的，有一天主管冷漠地跟范恩說：「我對你們沒什麼意見。」范恩回應說：「我知道。」然後淺淺一笑，加上一句：「我知道你大概相信自己是真心的。」那個年代，很多美國白人沒有察覺自己是種族主義者，因為他們沒有直接做出有傷害的事情。然而，正如伍登教練曾經引用英國政治學家埃德蒙・伯克的話指出：「只要好人按兵不動甚麼都不做，邪惡就可以取得勝利。」的確好人甚麼都沒做，邪惡看來勝利在握，至少在黑人區是如此。

特別在一九六五年，我剛當上大學生的時刻。

到UCLA上課前的幾個月，充斥美國國內的種族暴力讓人不禁疑惑，到底南北戰爭是多少年前的事情了？那年二月一個和平遊行中，名叫詹姆斯・邦納德・福勒的州警殺了一名手無寸鐵、年僅二十六歲的黑人抗議民眾詹米・李・傑克遜，當時他和母親躲在一家咖啡廳裡，依然無法倖免。三天後，「伊斯蘭國族」的人員暗殺了我十分欣賞的馬爾坎・X。而暗殺事件兩星期後，發生了後被稱為「血腥星期日」的事件。在阿拉巴馬州的薩爾瑪市，黑人民權運動家約翰・路易斯帶領大約六百名遊行民眾計畫走過愛德蒙佩特司橋，卻遭到幾百名州警的攔截。這些州警大部分都是當天才上任的。那天郡治安官發出宣召令：所有年滿二十一歲或以上的男性白人必須前往法院宣誓成為州警。他們有些騎在馬上，用警棍和催淚彈攻擊民眾。一個月不到，金恩博士帶著兩千五百遊行民眾走過同一條橋。那個晚上，一批三K黨員攻擊三位神職人員，其中一位死亡。而在UCLA開學前兩星期，洛杉磯也發生種族暴動。在黑人人口占多數的瓦特斯區，抗議警察不當使用暴力的行動演變成全面暴動，暴亂持續了五天，三十四人死亡，一千零三十二人受傷，三千四百三十八人被逮捕，財產損失超過四千萬美元。

到了這時候，我也嘗到幾個人生為之改變的經驗：我採訪了金恩博士；不小心陷入哈林區的一場種族暴亂中；我小時候最好的朋友當著我面尖叫「黑鬼！」而這些都不過是幾道前菜罷了。

我跑來加州並非只為逃離正在撕裂全國的種族鴻溝，自己卻可以安心打籃球。我的目的是為了多了解自己，尋找我的聲音，弄清楚我可以如何出一份力量。我已長大到可以參加戰鬥，但我還不知道我的戰鬥形式為何。

我對自己不是那麼確定的原因，跟當時我們面對的議題無關。我全力支持爭取投票權、設立反貧窮計畫、檢討警察部門對民權的視而不見以及其他民權議題，對此我的態度堅如磐石。真正原因是一年多前發生的被背叛事件，把我某些信念打亂了，心理上仍然有點脆弱，變得有如驚弓之鳥和多疑。

我中學念的包亞紀念高中是家天主教學校，校舍是個用磚蓋成的十層樓建築，前身是家兒童醫院。我的學業成績和體育表現都十分好，但席捲全國的種族風潮也滲進了這個守衛傳統價值的堡壘。大約九百個學生中，像我們這樣的黑人學生只有十來個。多數白人同學從沒跟黑人小孩交往過，看我們的眼神老是帶著優越感。這要拜他們毛躁不安的父母之賜，而他們父母則是聽了太多保守派政客的煽動，以為所有黑人都是定時炸彈，早晚會爆炸，像一八三一年的奈特．杜納那樣，老在等待時機拿起草叉，要求自由和占領白人地主的莊園。

老師也好不到哪裡去。他們教學所依照的課綱，將所有提到黑人發明家、科學家、作家、藝術家以及政治家，全部刪除，難怪看到我在課堂上使用邏輯思維、能夠跟同學辯論時大為驚訝。我有白人朋友和白人隊友，但絕大部分學生選擇忽略我，我也同樣奉還，忽略他們。

膚色將我變成一個象徵，我的身高則將我變成一個標靶。

我從籃球找尋慰藉和目標。我的新教練唐納修只有三十歲，對於我的加入球隊興奮異常。那時我仍十分青澀，熱忱有餘但球技還不足，不過才十四歲的我身高已是六呎十一吋，他以極大耐心教導我籃球的基本功夫，用不了多久我們校隊開始橫掃紐約市了。他是個嚴格的師傅，不喜歡我們的表現時從不害怕高聲責罵。他也經常開車接我上學，在車上會聊聊生活中的瑣事。他也帶我去麥迪遜廣場花園看職業籃球比賽，確保我看到羅素和張伯倫打籃球。

「路，有一天場上的也可能是你。」他說。

「是呀，你說了算，」我說，儘量顯得謙虛點。但私下裡我不覺得我「可能」像他們，我知道我「將會」像他們，也許比他們厲害呢。

「只要你像現在這樣努力學習，我給你打包票，有一天你必定會在這裡打球。」

有一天。對青少年來說，這說法好像是很久、很久以後的事。

但我對唐納修教練有信心。他將我從新鮮人隊抓出來放到正規校隊裡，這是很罕見的殊榮。他甚至讓我穿三十三號球衣，知道那是我最喜歡的號碼，因為我最喜歡的美式足球球員，即紐約巨人隊的梅爾·特里普列特球衣就是三十三號。所以雖然一開始我跌跌撞撞地，但終於諸事順利，我們無人能擋。

我從來沒見過像唐納修教練那麼想贏球的人。到了UCLA，我經常深入思考唐納修和伍登在教球風格和態度上的差異。唐納修擁抱的是「焦土」哲學，相信羞辱我們、取笑我們，把我們弄得尷尬難堪是一種燃料，可以推動我們團隊進步。伍登則相信自發性爭取好表現的榮譽感加上對團隊的忠心才是燃料。

雖然責罵和嘶喊聲、沮喪不滿的哼鼻子聲，以及失望的嘆息聲不斷，我依然相信唐納修教練關心我，因此我也全力以赴。在包亞的第二年我們奪得全市冠軍，這是我們學校自一九三九年以來的第一個冠軍。球員成了校內的英雄。那些原先忽略我的學生願意對我表示友好禮貌了，但我一點都不稀罕。作為人類，我對他們的唯一價值只是為學校帶回一座冠軍而已，那使得我們的勝利顯得蒼白空洞。我的成就堆起的是他們的榮耀，這有點像背叛了我的族人。

唐納修教練對於種族歧視的態度，也給我帶來啟迪，讓我更喜歡他了。搭他的順風車回學校途中，他告訴我他在肯德基州諾克斯堡當兵時目睹的種族歧視慘況。他相信終結種族歧視的唯一方法，是讓每一個世代變得沒那麼種族主義，直到完全消失。我還滿欣賞這種想法，但又止不住會想這國家已經歷多少個世代了，還發生這麼多黑白隔離、私刑拷打、謀殺事件，也沒有投票權和工作權！還需要多少個世代嘛？而為甚麼我們要等待呢？假如被歧視的是他小孩，他會不會等呢？

暑假時我會參加唐納修教練的「友誼農場籃球營。」開始時舉辦地點只在一個一七八〇年代的建築裡，球場是一片泥地。但每個暑假他都做了很多改進。看來由於我們是全市冠軍，我頗有賣點。

到了第三年，我們不只贏了所有的比賽，獎學金邀請函也如雪片般湧進來。我爸媽信任唐納修教練，讓他帶著我們篩選這些信件，做最好的決定。當他告訴我，我可以進任何我想去的學校，並且有全額獎學金，我簡直欣喜若狂。任何大學！如果這人能送我到任何學校，我當會更賣力為他打球。

一天下午我們要跟聖海倫娜高中比賽。這也是家天主教學校，位於布朗克斯區。此時我們所向無敵，而這所學校的球隊根本稱不上甚麼球隊，我們充滿信心，三兩下就能解決他們，唯一的問題是要贏他們多少分。可是半場笛聲響起時我們只領先六分，在籃球世界裡，不用三十秒可能就被追上。

我們魚貫進入唐納修教練的狹窄辦公室，頭垂得低低的，知道要被他的世界級毒舌罵翻了。他把門一關立刻開罵。

我們不配贏球。

我們在球場上夢遊。

我們糟透了。

簡直是恥辱。

我們眼睛盯著地板，看著自己的汗珠滴在球鞋上。我們不得不同意他說的一切。

但接著他的憤怒全轉了個彎，直衝著我來，用手指指著我，像極了一把他要刺在我胸口的匕首。「還有你，路！你在場上一點也不用力推搡對方，動也不動。所有應該做的功夫你都沒做。」他雙眼發出火光。「你表現就像個黑鬼！」

感覺魂魄都從我身體流走了，就那樣坐在椅子裡，就算整個球館燒起來我也動不了。我臉頰通紅，好似被打了很多個巴掌；心臟感覺好像被硬塞進一顆核桃裡。自從我以前的最要好朋友朝我臉孔大喊「黑鬼！」之後，已沒像這樣感到被背叛過。當然我很憤怒，但同時感到自己毫無價值，就像被我很在乎的人丟棄在垃圾堆裡。

不記得我是怎麼撐完下半場的，也不知如何我們贏了球賽；不知怎地我再也不關心了。

球賽過後，唐納修教練將我拉進辦公室。他興高采烈。

「看到沒？」他說，站在辦公桌的邊沿，臉上掛著大大的笑容。「這招有用！我的策略有用！我就知道一用那個字就會電到你，下半場就會表現很好。真的！」他滿面紅光看著我，貌似我們剛在學校郊遊贏了父子麻袋競走冠軍。

他不斷講話，講他多聰明地激勵了我，說我們將會打敗下一個對手，還有一切全看我了，我應該更努力，不要讓球迷把我看成標準的懶惰黑鬼。他簡直好像相信自己是個民族救星。

回家後我跟爸媽敘說這件事，他們臉孔鐵青，同樣覺得被背叛。他們把兒子的未來都寄託在這個人手裡呢。盛怒之下，我堅持要立刻轉校。我怎麼還能這樣打下去？當每一次勝利都是為這個剛剛才叫我黑鬼的人而勝利？但隨著我慢慢冷靜下來，我意識到轉校會讓我損失一年的打球權，而且會晚一年才能從高中畢業。

我回去包亞紀念高中，回去唐納修教練的球隊，甚至還繼續參加友誼農場籃球營。但一整年，看到他我就覺得呼吸急促，彷彿胸部被繃帶緊緊纏綁起來。可是我在球場上的表現卻絲毫不受影響。高中最後一年我們只輸掉一場，還被連續第二年選為全國冠軍。我被選進紐約市全明星隊以及全美明星隊。

我還進了UCLA讀大學。

唐納修教練背叛給我留下的傷疤記憶猶新，這是為甚麼我對伍登教練有點冷淡，跟他保持一點距離。我曾經極為信任別人，結果心也碎了，我不要再來一次，真的負擔不起。我強迫自己小心翼翼，特別害怕假裝要跟我做朋友的老白男。

多年以後，當伍登教練和我成為親近朋友之後，他告訴我一個關於唐納修教練的故事，之前他從未跟我提起過這件事。一九六五年，UCLA贏得第一個全國冠軍後，伍登上了電視。不久他接到唐納修打來的電話。「我看到你在賓州福吉谷教練營的講話，」他說：「我想來福吉谷跟你聊聊我的一個球員，路・阿爾辛多。」

「嗯，」伍登說，「他跑來告訴我，UCLA是你想仔細看看的四家大學之一。那是我們跟你第一次的接觸。你知道這件事嗎？」

「不知道，」我說。

「開了很久的車，」他說。

我沒說話。

「單程兩個半小時，」他說。

「有人指控過你說話太婉轉嗎？」

他笑。「剛好相反。人家指控我經常隨口吐出一堆可愛短句，可直接印在T袖上。」

我笑了，但我明白他意何所指。甚麼樣的人會開五小時車幫助一個都不肯跟他講話的小孩，而且還從頭到尾沒跟他提過這件事？

「路易斯，你有沒有犯過錯？」他安靜地問。

他投了球，得分了。

這個對話後又過了幾年，有一次我在他家陪他看女籃。他是女籃的大粉絲，因為他喜歡她們打球基本功夫扎實，執行力也好。

「不賣弄誇張，」他說：「球的處理和投射都是一流。」

「我以為你是喜歡那些短褲，」我開他玩笑。

他搖搖頭。「卡里姆，我該拿你怎麼辦？」

「把我寫進你的遺囑？」我提議。

那讓他大笑起來。

他還來不及說句頑皮話還擊，電話響了起來，是唐納修教練。他人在洛杉磯，想來探訪伍登教練。到了這時候，其實我已沒留下多少怨恨，因此即使知道他在電話那一頭，也不會覺得不安。

「這裡有個人，我希望你能跟他講講話，」伍登教練說，把電話遞給我。

我拿過電話。「嘿，教練，」我聲音愉悅的說：「最近好嗎？」

「很好，卡里姆，我很好。」可以聽出他聲音裡鬆了一口氣。我很高興。

我們再講了幾句，約定兩小時後見面，便掛上電話。

伍登教練冷靜地估量著我。「你ＯＫ？」

「盡量吧，」我說。

他輕聲偷笑，再度搖頭。但他不是笑我的冷笑話，而只是高興我做了正確的事。我則很高興伍登不知甚麼時候安排了這場「巧合」的電話。他知道這件往事對我是多麼的困擾，一直尋求解脫。但更有甚者，我想他有點同情唐納修教練，他背負著那個重擔有夠久了。身為教練，伍登知道當眾人深陷競爭的熱血情緒中時，犯錯是多容易發生的一件事，而要從錯誤中復原又是多麼困難。

我請唐納修教練到我家會面，他再次道歉。其實當這故事在媒體上曝光時，他就已經私下和公開跟我道歉過。他的教練生涯十分傑出輝煌，包括帶領加拿大男籃隊參加過四屆奧運。我深受感動的是，雖然他已可說功成名就，但他還是深為抱歉、記掛著三十五年前曾經傷害過的一個十七歲少年。

我告訴他我原諒他，當年還不到一星期，我就知道他不是個種族歧視者。他只不過不夠敏感且反應過度，而面對一個像當時的我——高傲、自我中心——發生那樣的事情一點不奇怪。我謝謝他為我所做的一切，看得出來他聽到我那樣說很感安慰。

那時我父親跟我住，當下他從房間走出，手上拿著一瓶波西米爾愛爾蘭威士忌。他提議同乾一杯，我們欣然同意。

我和唐納修握手說再見，大家心裡滿是溫情。十八個月後他因前列腺癌病逝，我去參加了他的喪禮。

由伍登教練為我們牽線，事實上再合適不過了，因為正是他的仁慈、惻隱之心和以身作則，我才成為那種能夠放棄敵意，原諒過去的人。

然後發生了一件事，從此改變了我和伍登教練間的關係。

那天晚上，伍登教練單獨請我吃飯，慶祝我們未嘗敗績的球季。我們很清楚，球迷和媒體對我們未來三年期望甚高。過去一整年，他幫我擋掉媒體，一如唐納修教練曾經採取的做法，目的是保護我，免我分心。但這方法逐漸行不通了，他希望確定我懂得，怎樣面對隨著大量稱讚終究難以避免會出現的批判聲浪。

「媒體將你捧成英雄，」車子開進餐廳停車場時他跟我說：「感覺很棒吧？」

「是呀，」我說。喔，老兄，棒極了。看到我的照片出現在報章和體育雜誌上，讀到一堆關於我的豐功偉業的報導，簡直是美夢成真。

「嗯哼，他們也可以將你變成大壞蛋，同樣的快速。也許他們不喜歡你說的東西，又或者不喜歡你沒有說某些東西。他們覺得你怠慢他們，或閃躲問題。」他搖搖頭。「他們可能突然翻臉。」

過去這個球季，當球隊沒打進NCAA錦標賽時，伍登就面對了許多批評和質疑。未來三年，我們的命運已綁在一起，一損俱損，一榮俱榮了。

我們都是狂熱棒球迷，於是他帶我到這家名為「球棒架」的牛排館。餐廳的老闆強尼・斯普厄特將一些大聯盟球員簽過名的球棒用作室內裝潢。我們點了餐，輕鬆地隨意聊天。餐館外的世界正翻天覆地，因種族問題而起的暴動、殺戮和抗議遊行不斷，伍登教練和我卻不談種族，而談棒球和籃球。他極之小心地在他的球員周邊築起一個繭，將狂風暴雨全擋在外面，內裡則平靜無波。

我環顧四周，觀賞掛在牆上有球星親筆簽名的球棒。某些方面來說，這是最適合我們的餐館了。連結著我們的是體育，而體育是一種想像出來的情境。籃球是個人為的世界，有比賽規則、章程、相互尊重，以及各種文明的行為。外面的真實世界則是個包含著暴力和種族不公平的活火山。此刻它正吐出灰塵和炙熱灰燼，我們聽到頻臨爆發的滾燙熔岩。問題已經不是會不會發生，而是甚麼時候會發生。

對於伍登教練我還沒任何定見，不知道他對這些社會動盪有何想法。我喜歡他、欣賞他，直至他做出一些如唐納修的行為，我還是會乖乖聽他的，依他的建議行事。我也會吃他付錢請我吃的牛排。

晚餐過後離去前，我們停下來跟老闆打個招呼，斯普厄特也是UCLA的支持者。我們還站在那裡哈啦，突然一位年紀很大的白人女士從餐館走出來，站在那裡仰頭盯著我看，她的模樣很像極受歡迎的電視節目《豪門新人類》裡頭的老祖母。我很習慣別人看到我長那麼高而驚訝，因此只是有禮貌地對她微笑。

最後，她問伍登教練：「那小子多高了？」

「七呎二吋，女士，」他說。

她想了幾秒鐘，接著搖搖頭說：「我從未看過那麼高的黑鬼。」

我完全沒反應。我往下看著她滿佈皺紋的老祖母面孔，知道她根本不曉得自己羞辱了我。對她來說，說黑鬼跟說「黑佬」甚至當時開始流行的「非裔美國人」大概全差不多，質問她只是浪費時間。何況，七呎二吋的黑人朝著五呎二吋的白人老太太大聲咆哮，也沒什麼好處。

但伍登教練有反應。他全身僵硬；兩頰通紅，難以置信地看著老婦人，完全不知道該怎麼辦或如何回應。這不是他的世界。他踏出了他的繭。

斯普厄特正在跟另一位剛抵達的顧客打招呼，沒聽到老婦人的話——也許他假裝沒聽到。伍登抬起頭看看我，明顯希望我沒聽到她的話。可是等他看到我的眼神，便知道我聽到了。

多年來，我經常回想那個時刻，試圖從他的角度來思考這件事。他有沒有考慮過：我是否預期他會講些甚麼？以教練身分維護我？以一個成人的身分維護我？以白人的身分維護我？他肯定陷進了嚴重的良心危機：是要違反他的中西部道德規範，對一個根本不會了解他為甚麼生氣的小老太婆咆哮？另一方面，他是否要違反自己的基督價值觀，不維護這個被深深羞辱的年輕人？此外，因為沒有斥責老婦人極不符合美國理想的種族主義，還違反了他的愛國觀？

最終伍登並沒再說甚麼，她則踏著蹣跚的步伐就此離開，完全沒察覺給我們留下的情緒餘波。

開車回校園路上，我們同樣雙眼直望前方，避免看對方。終於，他打破這令人不安的靜默。「你知道，路易斯，有時候你讓人嚇一跳，像你的身高，會嚇到他們。」

「嗯嗯，」我咕噥一聲，不確定他意向如何。

更長的靜默。他小心翼翼地尋找每一個字眼。「有時候人們說些自己也不明白的話，又或者意思其實不是表面那樣。請千萬別認為所有人都像那位女士，不要讓愚昧的人使你也反應愚昧。我知道這很困難，但讓我們不要因少數人的行為而怪罪所有人。」

他說的是她還是他自己？關於她說的——或他沒說的？

「是，教練，」我說，根本不想討論這件事。有甚麼意義？他能說的我全聽過了，說話的通常是心存善意的白人。對此我早已習慣，所以這沒什麼大不了，不過看得出來他十分困擾，我極不希望如此。他是個好人，看到他為了這次事件內心如被螞蟻啃噬，我十分感動。

我們從此沒再提起這事，但伍登也從沒忘記那個晚上。有趣的是，後來他公開演講提到那件事時，他記得的和我所記得的不盡相同。在他的記憶中，那位女士是說：「瞧瞧那個巨大黑怪物？」黑鬼這個字詞太痛苦了，他腦袋都不想記下來，又或者這一來他的罪惡感可稍減輕。

許多年後我才意識到那次遭遇影響他有多深遠。路易斯安那州立大學（LSU）籃球教練戴爾．布朗是他的好朋友，伍登跟他提起這事，反省著說：「那真的讓我對很多事情張大眼睛重新思考，試著更敏感些。我對路易斯深感同情，我心想：他每天都要應付這些撈什子，真的，我很為他難過。」

那個晚上過後一切如常，我們之間彷彿沒任何改變。他繼續當他的教練，我繼續打球。我們不討論種族議題，他沒問我感覺如何，我也沒送他《馬爾坎．X自傳》，但出現了一種不用明言的分別：我們已被那個晚上的事件綁在一起，窺看到對方的內心世界，此一連結將我們帶到超越教練—球員的關係。

在種族主義這場遊戲中，我想伍登教練雖然心地善良，但他只站在邊線上。畢竟一切不是發生在他身上，而只發生在他周圍。但對我來說這是我日常生活的一部分，伍登教練很快親眼見證。

我還在高中就已全國知名，但等我開始在UCLA打球，我的知名度更大爆發起來。大二那年我才開始打了幾場球，UCLA的學生報《棕熊日報》就建議UCLA從代表「加州大學洛杉磯分校」改為代表「加州大學路．阿爾辛多分校」。真是很大的恭維之舉，但也有點恐怖，因為現在我成為對手的憤怒標靶。

我們第一次跟柏克萊對戰就聽到他們的球迷大叫「嘿，黑鬼！」還有「你的茅呢？」不同版本的共同點是圍繞著「黑鬼」這字眼，外加精心選擇的髒話。種族歧視沒太多創意啦。在大多數比賽場地這些已是標準流程了。我知道那些球迷想打亂我的心情，於是我刻意忽略他們的話，用球場上的表現來回應。當然，一場又一場地打敗他們只會引來更多的種族辱罵。這些事情無處不在，連記者也開始問我這些聲音會不會使我憎恨那些球迷。「憎恨只會妨礙到自己，」我告訴他：「你會陷進報復的心態中，而不去嘗試創造變革。我曾經滿懷悲憤，但現在我只專心努力贏球。」

那是我的官方答案，它符合伍登教練的信念。「我不會心懷報復，」他說：「我相信如果我不心懷報復，我們的人也不會。」我是個配合團隊的人。但私下裡，不可能每晚有人叫你黑鬼而不受影響的。我掙扎過，想成為伍登希望我會成為的好人，其實也不單純是為了他，因為這樣做會為我帶來點平靜。但這很困難，有時候對青少年太困難了。為了教練，為了球隊，為了我自己，我努力抵抗那份憎恨。

終於，憎恨轉變成某種形式的勝利。一九六七年一個傍晚，我們剛在肯德基州路易維爾一場決賽中打敗了戴頓大學。伍登和我吃完晚餐，快回到旅館的時候，聽到有人朝我大叫：「ＵＣＬＡ差勁透了！」「回老家吧，黑鬼！」代替了憤怒的，是知道因為我們的好表現使得他們那麼生氣，我滿足地微笑。

「對這些人的愚昧我們無能為力啦，路易斯。」伍登說。

我同意。何況，那晚稍早我們在球場上重創他們，其實已經等於發表了我對種族平等的宣言了。

那個年代路易維爾在種族歧視方面總是特別的挑釁好鬥。但多年後我去參觀穆罕默德·阿里中心時，很開心看到整個城市改進了甚多。

這一次，伍登沒理睬那些評語，也或者他假裝沒聽到。只要沒有直接衝突，他就不需要有所表示。但有個晚上他改變了作風。球賽結束後，伍登教練和我通常是最晚離開更衣室的人。我往往被記者採訪拖住，伍登則想確定更衣室有整理乾淨。有人覺得這很滑稽，因為全美大學籃球勝場最多的教練居然在那裡跑來跑去，從溼答答的地板上檢拾垃圾，特別是在贏球之後。我卻覺得這很令人感動，不單因為他如此有責任感，執意要維持更衣室像球賽前般乾淨，而且是他的謙卑，不會自持身分嫌這工作低下。不過我經常懷疑，他留到那麼晚的真正原因是為了確保採訪沒出差錯，可他又要表現得不著痕跡。而的確，知道他在現場讓我信心大增，較會說出內心話，同時也被提醒，謙卑是一件優雅的事。只不過在那裡走來走去檢起濕毛巾而已，他就使我成為一個更好的人了。

大二那年，有一次在科瓦利斯市跟俄勒岡州大比完賽之後，我剛從更衣室走出來，停下腳步幫一群小孩簽名，他們在外頭冷冽夜風中已等了滿久的了。我大概簽了三十或四十個名，伍登教練在旁提醒：「路易斯，我們得走了，要趕巴士。」我跟還沒拿到簽名的小孩道歉，舉步離開。就在此時，站在那群小孩後方的幾個大人卻開始對我大喊：「看看他，太大牌了，簽個名都不行。典型的黑鬼。」之類之類。

伍登停下來瞪著他們。從他的肢體語言可以看出他想跟他們理論，他看看那些大人，又看向那群小孩。他們在小孩面前說那些話，將他這中西部好好先生也推到能容忍的極限邊沿，臉上烏雲罩頂，以前從未見過。我很想抓住他手臂說：「沒關係啦，教練，別理他們。有時候我真的會嚇到人。」但我沒說甚麼或做甚麼。因為原本簽名已習以為常的我，這次太意外了。

終於，經過一番掙扎，他控制住怒氣，厭惡眼神像雷射般射向他們，怕都要把他們的臉孔融掉了。坐巴士回UCLA途中，他走到車廂後頭來坐我身邊。我已忘記這次事件，又或者早將這跟其他類似事件一起封埋在內心已不勝負荷的檔案櫃裡。

「那些人是錯的，」他開始說：「不能因少數人的行為而論定所有人都會這樣。」他停頓下來，也許像他習慣性地在尋找甚麼詩、金句或小故事來支持他的論點，可沒找到半句。但是，他還是繼續說下去：「當然我們需要監獄、警察和法律，但大部分還是好人，是好人。」

是嗎？教練？我很想說。但我知道他衷心相信他的理念，為了他我也想相信他的話。然而相反的證據太多了。又不過，雖然那時我還很年輕，我也明白他主要還不是要說明種族主義，而是擔心我，不希望我變得硬心腸和糟糕，像電視上常看到的激進派。他認識的我是個有禮貌、心地好的路易斯，前途光明，只要不墮進黑暗深淵。

他回到原先的坐位。其實我不需要他再來一場勵志談話，說白人心腸有多好。可同時我需要這個真正關心我——而非只關心我拿多少分——的人跟我講幾句溫暖的話。跑到車廂後頭來確定我沒事，這件事本身就已經示範了：也許大部分的人的確是善良的。因為他，我沒有完全放棄那個希望。

要再過很多年，我才發現因為我，他開始懷疑自己的信念，即「人先天是善良」的。有一次閱讀一篇訪問他的文章，很詫異讀到他說的這一段：「我原先不知道他有那麼辛苦的時刻。我從卡里姆學到關於人與人之間的非人類行為，比跟任何人學到的都多……我沒想過人會那樣感覺或講話。」讀到這裡我感到一陣深沉的悲哀，知道我的存在使他懷疑他的基本信念。

但我絕不會懷疑他先天的善良。一九六八年張伯倫被轉到湖人隊時，他抱怨別人說他「難以處理」。「我不是頭野獸，我是個人，」張伯倫大為惱火。「你不能『處理』一個人。」伍登教練一讀到這篇報導，立刻聯絡他的出版社，告訴他們下一次他的《實用近代籃球》改版時，一定要做些更改：其中一個章名〈如何處理你的球員〉必須改為〈跟你的球員合作〉。面對種族歧視，也許他無法改變世界，但他可以改變自己的世界。

我作為籃球員的成長和蛻變成社運參與者的過程，是同時的兩個平行發展。我在球場上越有信心、越是成功，就越敢坦率表達我的政治立場。這種個人的演變在一九六八年達到一個極有爭議空間的高峰，那就是我拒絕參加美國奧運籃球隊，由此引起的批判怒火、種族歧視的標籤和死亡恐嚇接踵而來，直到今天還有人問起我此事。

其實做這決定十分不容易。我真的、真的很想加入奧運隊。這原本會是一項很令人興奮的挑戰：跟全球最頂尖的籃球員對抗，同時可以和美國最最優秀的大學球員在同一隊。此外，還能去墨西哥城觀光，認識來自全球的運動員，對當時還年輕的我亦相當有吸引力。

但是，當全國正面對著種族暴力的時刻，跑去墨西哥逍遙快活似乎太過自私。之前的夏天已出現兩宗大暴動事件，一件在紐華克，長達五天，另一宗在底特律，八天才平復下來。而就在一九六八年四月四日，金恩博士遇刺身亡。美國白人好像準備不擇手段，只要能阻止民權運動的進展，我覺得跟隨美國隊去墨西哥給人的印象，是我在逃避議題，又或者是我重視自己的前途，而忽視周圍的不公現象。我不斷覺得，如果我們贏了，我是替一個剝奪我們權利的國家帶來榮譽，而這正是前一年還在替唐納修教練打球時他叫我「黑鬼」之後，我揮之不去的感覺。

我好像被卡住了，進退維谷，左右為難。

同年《馬爾坎．X自傳》在他被刺殺三年後出版。我不止讀了這本書，還如飢似渴地閱讀每一章、每一頁、每個字。他的故事和我的成長經歷有如天淵之別——他原是街頭混混、騙子兼皮條客，坐過牢，改信伊斯蘭教，脫胎換骨之後，成為一位大徹大悟有見識的政治領袖——他碰到的每一次羞辱、每一種新見解的發現好像都是我的經歷。他簡直將我內心的感受化為文字；把我原先模糊的想法清晰地表達出來。

馬爾坎已死。金恩博士已死。

黑人領袖已成稀有物種。那讓我怒火沖天。曾有人公開指控美國政府——特別是FBI和局長胡佛——針對黑人領袖採取祕密行動，詆毀、羞辱以及公開摧毀他們。由於沒有確實證據，美國白人並不接受這種說法，認為只是黑人疑神疑鬼而已，但單憑表面觀察，美國黑人就知道一切都是真實的。兩年後，這些猜測被證實了，因為一群反戰分子闖進FBI在賓州梅迪亞市的辦公室，找到一批加密檔案，裡面詳細說明FBI針對黑人的策略。

實在太難了，我無法高高興興地代表這個不願意代表我以及和我膚色相同者的國家。另一個我選擇不參賽的原因，是對國際奧委會主席艾弗里·布倫戴奇的強烈厭惡。一九三六年柏林奧運期間，布倫戴奇禁止兩位猶太跑步選手參賽，以免萬一猶太選手贏得冠軍，希特勒會感到尷尬和不高興。這明顯違反奧運規定，而且後續資料還揭發：布倫戴奇的建設公司當時正在爭取德國某些合同，所以這是為甚麼他如此積極討好希特勒！我無法強迫自己在這樣一個人底下打球。美國對我十分不滿，認為這個國家給過我這麼多機會，而我不夠感恩。其實我知道感恩，但我也覺得除非所有人都能得到同等的機會，否則我的感恩是不夠真誠的。只因為我已爬到救生艇上，並不表示我可以忘記那些還在海裡的人，或不嘗試防止下一條船沉沒。

必須稱讚的是，UCLA沒有一個人嘗試說服我改變主意。伍登教練尊重我的選擇，甚至從沒提起此事。校方則發出一個聲明，說我拒絕該項邀請的原因，是因為奧運比賽和我的上課時間撞期，但我坦白、公開跟媒體討論我的決定。喬．加拉吉奧拉在新聞節目《今日》中採訪我，我們大聲爭論，他夸夸其談，重複一般已享盡權力的美國白人所說的話：不喜歡美國便離開。但我忍不住疑惑，要是他遇到美國早期為獨立而戰的殖民地開拓者，會說些甚麼？不喜歡英國便離開？我努力主張，真正的愛國首先是要承認問題的存在，然後不要逃避，群策群力一起解決它們。

雖然我在奧運缺席，但湯米．史密斯和約翰．卡洛斯上了國際新聞，也創造了奧運另類歷史，他們兩人分別拿到兩百公尺短跑的金牌和銅牌，而在頒獎台上領獎演奏美國國歌時，他們舉起戴了黑色手套的手，事件隨後被稱為「黑色力量致敬」。這是他們促使大家注視美國種族不公的舉動。美國奧會立刻暫停他們的運動員資格，回到美國後也面對極憤怒的批評以及死亡恐嚇。在黑人領袖經常被殺的當時，這可不能不認真看待。

雖然伍登教練沒跟我討論過我的決定，我的感覺是他不怎麼贊同，不是因為他說過或做過甚麼，連婉轉表達的也沒有；但我就是知道，因為他十分愛國，二戰時期他曾是海軍上尉呢。我無法想像他會支持我拒絕加入奧運隊，為美國帶回光榮。

多年以後，我才發現我錯得有多離譜。

兩年前收到一封信，寄信者是一位我素未謀面的女士，但她寄給我的信卻是伍登教練寫給她的，原因是她跟伍登教練抱怨我不參加奧運的決定。直到我手裡拿著這封信，我甚至從不知道這封信的存在。我打開信，映入眼簾的是教練工整的手寫筆跡：

親愛的霍夫太太，

對於這個十分特立獨行的年輕人的言論，我也深覺困擾，但我曾經目睹過他被白人的一些言詞傷害至深，因此我對他大概比一般人較能寬容。

我聽過有人在他聽得到的距離說諸如「嘿，瞧瞧那個巨大黑怪物。」「有沒有看過那麼大隻的黑鬼？」以及其他差不多意思的話，正常情況下連成熟的大人都可能會怒氣衝天。我真心害怕無論他以後是否收入數百萬，卻永遠找不到內心的平靜。也許他負擔得起任何物質上的享受，但那只能算是很差勁的內心平靜的替代品。

也許你沒看到或讀到後續的採訪中，他說目前在這個國家內，對他的種族有著太多錯誤的政策和對待，他甚至連稱這裡為他的國家都有困難。

感謝您的關心，

約翰・伍登敬上

我重新讀了一次這封信。又再讀一次。「噢，教練，」我想，「真希望當時就知道你的感受。」如果能稍稍減輕你替我辯護的重擔！回想我當時的傲慢，自以為了解他，因此將他簡化為刻板印象中的典型白人！而這正是我一輩子都在抱怨別人對我犯的錯誤呢。他太謙虛了，從未跟我提到這封信。其他人大概都會特別跟我說如何替我辯護，但伍登教練毫不計較攫取功勞：做好事本身就已經是獎賞。謀求讚賞、要別人感恩都會抵消善行。

有一次布朗教練問他，為甚麼他沒有讓別人多點知道他為民權運動做過的事，又或者為甚麼沒更大聲疾呼發表意見。布朗回憶道：「他伸出拇指和食指，兩個指頭緊靠在一起，大概連一塊洋蔥皮都滑不進去。『這就是為甚麼，』他說。我問他那甚麼意思，他解釋說：『那就是我所能達成的部分。所以我試著在其他方面發揮影響力。』」

我邊將信摺上邊搖頭。伍登教練過世好幾年了，我已經無法跟他道謝。但儘管我已年屆六十七，他還在教導我甚麼是謙卑。

二〇〇八年間，我飛到芝加哥，為了製作一部關於《哈林文復隊》的紀錄片採訪伍登教練。文復隊是沒人聽過、卻是極偉大的籃球隊。我知道伍登年輕時曾跟他們對賽過，一定可講出幾則有趣故事，讓我拍進電影中。我們當朋友五十年了，從UCLA的日子到後來在他家的小窩聊天的許多個懶洋洋的下午，我們無所不聊——從文學到宗教到去北京奧運參賽的美國男籃隊——我以為我對他已一清二楚了。可是，那一天讓我驚訝極了，簡直連下巴都掉下來。還未回過神來，他又再嚇我一跳。

我在芝加哥會議中心附近的萬豪酒店租了個房間，作為訪談和拍攝地點。伍登教練走進房間時我不自覺的腰板直起來，像個小學生看到他最喜歡的老師時的感覺。當時我已經六十歲了，五個孩子的父親，全球知名，但這剛出現的老人家的想法對我十分重要，比任何人都重要。我視他為第二個父親，某些方面說來，比我親生父親更心腸軟、很多事更親力親為。

「嘿，教練，」我跟他說：「謝謝你親自前來呀，真的很感激。」

「為了你，啥都可以，」他說，臉上掛著個大大的笑容，使我心情激動起來。

我盡量壓下我對這部電影感到的得意和自滿，伍登對此不會很喜歡。他一輩子都嚴守謙卑，幾乎像個苦行僧了。他底下的球員有時會取笑他那甘地式謙遜，但我們其實都很欣賞他的行徑，偷偷地模仿，雖然這有點像想成為素食主義者：知易行難，大部分人做不到那麼有紀律。無論如何，我很希望他了解我從職籃退休後的成就，以我為榮，因為我覺得我的所有成績都來自他的影響，抱括這部電影。電影是根據我寫的《在巨人肩膀上》而拍攝的，題材是「哈林文藝復興隊」以及它對美國和我個人的影響，而這跟他對我的教化息息相關。他教導我們，學業比籃球重要，個人的人格則又比前兩者都更重要。

與籃球世界道別後，我在打一場聖戰，誓要為美國歷史帶來一點色彩，寫了幾本講述教科書隨手略過、關於非裔美國人的著名成就。除了《在巨人肩膀上》之外，我還寫了《黑人勇氣檔案》，介紹美國史上影響重大的幾位黑人；《戰火中的兄弟》講述二戰中一個全黑人坦克營的故事；《我的世界是甚麼顏色》則仍在研究蒐集資料的階段，是一本兒童書，討論被忽略但其實改變了美國文化的黑人發明家。我很希望伍登教練看到我繼續努力於學術和寫作，這是身為英語老師的他經常鼓勵我要努力的方向。

「卡里姆，你要我坐哪裡？」他問。

我帶他到為他準備的椅子。燈光打好，攝影機焦點也調好了，我開始問他問題。他的回答一如所料，講了很多文復隊的故事，精彩有趣又詳細，並形容他們是他遇過的最佳隊伍。紐約文藝復興隊——簡稱文復隊——是一九二〇到三〇年代間哈林區的一隊全黑人籃球隊。一九三九年，他們贏得美國第一屆職業籃球錦標賽冠軍。

我們也聊了些哈林文藝復興時期的偉大音樂家、藝術家和作家。

「卡里姆，知道嗎，我最喜愛的其中一位詩人是蘭斯頓．休斯，」他說。

「真的？」我說。休斯也是我的最愛之一。我還在讀高中時就發現了他——不是在教室裡，因為學校教材不會提到任何黑人作家。我是高中畢業前一年的暑假，首次在哈林的嵩伯

二〇〇八年，我在芝加哥為了我的紀錄片《在巨人肩膀上》採訪伍登教練。紀錄片的題材是「哈林文藝復興隊」。他認為哈林文藝復興隊是他遇到過最厲害的籃球隊。
（照片提供：Deborah Morales）

格黑人文化研究中心發現關於他的歷史的。伍登教練知道休斯叫我有那麼一點點刮目相看，但另一方面他是最著名的黑人詩人之一。你要是白人而想說出一個黑人詩人的名字，蘭斯頓・休斯是當然之選。

但對伍登而言，蘭斯頓・休斯不只是個名字而已。

「『被延後的夢會變成甚麼樣子？』他開始憑記憶背誦詩句。是休斯的〈哈林〉。『它會乾掉／如陽光下的葡萄乾？／抑或像傷口化膿——／汩汩流出？／它會不會像腐肉般發臭？／或結成硬塊與糖霜——／像軟掉的糖？／也許它垮塌下來／像個重擔。／還是它會爆炸？』」

驚訝一號。拍下我張口結舌的鏡頭吧。

「知不知道為甚麼休斯先生寫那麼短的句子？」他問，眼睛裡閃著光芒。他很喜歡嚇我一跳，特別到了我這年紀。

「呃，嗯……」我舌頭打結。

「因為那時候他們按行數付他稿費。他就想：將句子切開可多拿點錢。」

老白男：一分。中年黑男：〇分。

他往後靠在椅子上，再沒有為了鏡頭講話，而完全沉醉在回憶裡。只剩下他跟我，朋友對朋友。彷彿背誦那首詩喚起了他久已忘卻的一些事情，也許是想著球棒架餐廳叫我黑鬼的老婦人。

「你知道，一九四七年我剛開始在印地安那州立師範學院當教練，師範學院是當年的名字，今天它叫做印地安那州立大學。總之，那時候我剛贏了印地安那校際聯盟冠軍，全美校際體育協會（ＮＡＩＡ）邀請我們去肯薩斯城參加全美籃球錦標賽。對我們學校來說是大事一樁。」

「特別是對第一年當教練的人啦，」我加上一句。

他笑，像個頑童。「也對啦。」然後臉容一緊，稍稍皺眉，苦笑：「但是，他們有個條件。我不能帶克倫斯・瓦克去比賽，因為他是黑人。」

驚訝二號。我從未聽過這故事。我知道自己希望他說些甚麼，不過這不是拍好萊塢電影，他才第一次當教練，需要考慮前途，也要為家庭著想。

「不應該太意外的，我想，」他說：「但說真的，當有人毫無理由地言行差勁，我永遠覺得難以置信。天知道克倫斯早已受夠了。」

我靜靜的沒說話。伍登教練正從他的倉庫翻出更多的回憶。我完全被迷住了。

「球隊在路上時，有些餐廳拒絕為他服務，或者旅館不讓他跟球隊其他人一起入住。」

「那你做了甚麼？」我問。

在這種情況下，這是個典型會問的問題，不是嗎？不是你會感覺如何。而是你做了些甚麼？也許他以為我的問題是在質問他，因為棒球架餐廳發生過的事。我並沒有這個意思，於是退回一步。「我是說，你能做甚麼嘛？」

「通常我幫他另作安排。」他深吸一口氣。「但有個下午我們到了一家餐廳，一群人足足占了四張餐桌。等大部分人都點好餐點時，女服務生告訴我她不會幫克倫斯點餐。」他望著我，眼神堅定，微笑著。「我告訴她這無法接受。她要嘛幫他點餐，要嘛我們全部走人。她頗為慍惱，大概計算著會損失多少小費。她告訴我說我不能那樣做。『看著我們，』我說，然後我們全站起來，走出餐廳。」

永遠是團隊至上，教練。我溫馨地想著。「籃球錦標賽的最後通牒你又如何處理呢？」

「跟餐廳事件同樣處理。告訴他們我們全隊參賽，否則就不去。」他聲音裡沒有任何得意或誇張聲勢，好像只不過在告訴我他午餐吃過甚麼。「我們一起贏冠軍，要參加比賽也要一起去，否則就不要比賽。他們的回覆就是不要比賽。」

這發生在六十年前，我單聽到這件事已經氣到不行。

「下一年我們又贏了，校際體育協會改變了他們的規則，好讓我們去比賽。我們在冠軍賽輸了給路易維爾大學。我生平唯一輸掉的冠軍。」

「克倫斯呢？」

「他成為有史以來第一個在校際籃球錦標賽季後賽出賽的非裔美國人。」

我驚訝得不能更驚訝了。教練是個民權先鋒呢，冒著失去工作的危險，而他從沒跟我提起過。其他任何一個教練大概都會利用這些事件來爭取我的忠心和尊敬。可是伍登要在球場上贏得我對他的忠心和尊敬。他更叫人佩服的是，我後來發現克倫斯根本連先發球員都不是，球隊沒有他比賽也絕對沒問題的。只不過在伍登眼中，少掉一個人球隊再也不成團隊，那會是最大的罪過。

我看著日漸萎縮的九十八歲老先生坐在那裡，帶著厚厚的眼鏡和一雙巨大招風耳，一股溫柔親切之情自心中湧起，我太視為理所當然了。我一直在各方面模仿他，不斷發現他對我的影響有多深。我突然意識到，我寫的所有關於黑人歷史、政治和流行文化的文章有個共同主題：將競賽環境弄得更平坦，以便所有人都擁有同樣的機會。又或者像伍登教練說的：「除非我們每個人都吃，否則大家都不吃。」

第四章　伍登教練會怎麼做

關於宗教、政治以及保持信念

做好自己就可做更多好事，這比任何方法都好。

——約翰・伍登

單從外貌衡量，你會以為伍登教練是奧維爾・雷頓巴克（譯注：著名爆米花商人）的明星臉版本，而且集美國中西部保守價值觀和堅定不移的基督徒道德感於一身。你如果這樣想的話就大錯特錯了。伍登教練比那種刻板印象的典型人物複雜多了，其實我和他皆有此特性，分別在於，我身處滿是敵意的公開論壇中，與刻板的種族偏見對抗；而他則隱藏幕後，用實際行動靜靜地打他的仗，大眾鮮少與聞。我十分熱血，致力改變美國白人對黑人的看法，希望他們視我們為對等、值得擁有憲法權利的人。他毫不介意別人怎樣看他，只關心做正確的事。多年以來，最能凸顯他的複雜度以及令人驚艷的主張，是當我們碰到政治和宗教議題的時候。這對雙胞胎不曉得已毀掉了多少友誼和家庭餐聚，是天字第一號麻煩。可是，雖然我和他也經常意見相左，但這些議題反而將我們距離拉近。

美國歷史上，宗教和政治議題會引起這麼多吵吵鬧鬧和仇恨的，恐怕就是我在UCLA那幾年和之後的一段時間了。從一九六四年民權運動興起直到一九七五年西貢淪陷的期間，美國國內到處都是戰場，充斥著暴動、遊行和靜坐抗議。開始時是黑人民眾要求投票權，但緊接著發展到大學生和退伍軍人抗議越南戰爭，女性則尋求從性、社交及政治壓迫中的解放。越戰（一九五五至七五年）將黑人、反戰示威者和婦女解放陣營等各個抗議集團匯聚在一起，同聲一氣為所有人要求民權。由此而在街頭和校園出現的暴力和動盪，嚇到了白人男性保守勢力，焦慮不安急著恢復秩序，方法卻是想將時光倒流，回到一九五〇年代，那時女人和黑人被當成小孩子般對待，只有聽話的份兒。文化衝突加上世代衝突的致命後果，是一九七〇年在肯特州立大學的一場抗議集會中，美國國民兵對民眾開火，殺死了四名學生。之後，一切走上了不歸路，無法回頭。

身處美國史上最巨大的文化大革命的中心，我繼續打籃球。

伍登教練則繼續教籃球。

然而，在我們周遭發生著的事情是無法視而不見的——特別因為我是熱血分子而他不是。無可避免地，我們起了衝突。

這段期間，美國最具爭議性的政治人物，要數重量級拳擊冠軍穆罕默德·阿里了。美國人對阿里的感覺和看法分裂成兩派，十分極端，也十分激動，不是愛死他就是恨死他，沒有中間路線。一邊是主流、平日活動在城內商業大街的白人中產階級，譴責阿里不知感恩、罵他叛徒和膽小鬼。另一邊則是新秩序自由主義者、有色人種、窮人以及其他邊沿人，沮喪到不行，紛紛握緊拳頭，仰慕阿里的勇氣、坦率直言，願意犧牲自己的前途。

一邊是伍登教練引用吉普林的詩句：「如果你能等待但不因等待而疲累。」

另一邊是我引述馬爾坎・X的話：「如果你想得到甚麼，最好大聲點。」

生平首次跟阿里近距離接觸，是一九六六年我剛開始當大學生時的事。那天，我和兩個同校朋友在好萊塢大道閒逛，突然看到阿里在我們前方大約幾十公尺之處，每當有粉絲圍上來他就表演撲克牌魔術。他是全球有名的運動員呢——有些人還說他是歷史上最偉大的拳擊手——而他站在街頭為陌生人表演魔術！他大可以隨便簽幾個名就將他們打發掉的。看到粉絲們高興地傻笑著散去，我忍不住佩服起他和大眾互動的手法。對他來說粉絲不是負擔，而是一種祝福，他甚至確保粉絲們知道他的感覺。

這情景長留在我腦海裡，作為往後粉絲朝我圍過來時參考之用。

我也是阿里的大粉絲，當下努力克服內心的害羞，上前找他。沒任何跡象顯示他知道我是誰，他只是一貫的友善和魅力四射，跟其他粉絲互動時沒什麼兩樣，不更多也不更少。然後他和幾個隨從人員繼續往前走去，興高采烈、無憂無慮地。再過一年，他的冠軍頭銜將被剝奪，因為他宣布拒絕接受徵召從軍。「我跟越共沒吵過架，」他解釋道：「他們從沒叫過我黑鬼。」他要求免役，理由是基於他的穆斯林信仰：「我的良心不容許我開槍打我的兄弟，或任何膚色更深的人。」

從我十三歲起，阿里就是我的偶像，那時候他的名字還叫卡修斯・克萊（譯注：也譯作奇利），一九六〇年奧運會中奪得輕重量級拳擊金牌。他的技巧、速度和優雅給我帶來甚多啟發，激勵我更用功，努力成為優秀的運動員。接下來幾年，我對他的敬仰有增無減。事實證明，他是美國前所未見最敢言、也最鎮壓不住的黑人運動員。當時，成功的黑人企業家和運動員要是被請去跟有權勢的白人坐在一起，他們預期你會表現謙遜及感恩，最重要的是不要多話。但阿里不是這一類人。

他之所以闖出名氣，一是因為他很會吹噓自己的技巧，二是經常傲慢地預測將在第幾回合擊倒對手。很多白人被這個剛冒出來的黑人小子激怒了，結果紛紛付錢等著看他被打回原形，回到原來的低等位階。其實這從頭到尾都是阿里精心設計出來的，他由此賺去了幾百萬美元。他也大可以讓軍方將他徵召入伍，明知軍方不會讓他身陷險境，而是利用他來吸引年輕人參軍，他的生活絲毫不會受到影響。但是，雖然他插科打諢又誇張，但他內心藏著一個有道德感的阿里，將良心置於商業利益之前。

他的姿態和立場完全公開，最後為此付出所有的代價，不只冠軍頭銜被剝奪，還被判三年不能參加比賽，外加罰款一萬美元，被逮捕並威嚇可能要坐很久的牢。一九七一年，美國最高法院以八比〇推翻了原先的判決，但傷害已經造成。在他體能處於最高峰的時候，卻不能參加任何拳擊活動！

大一那年，我在一個豪華派對裡再次遇見阿里。很多大學和職業運動員都有參加這場派對，由於害羞性格作祟，我獨自周圍溜達，最後走到樂隊區，樂隊正好在休息，我便坐在爵士鼓前敲打起來，正當我敲著一個很不錯的節奏時，阿里突然閃到我旁邊，拿起結他彈奏起來。經過這個晚上，只比我大五歲的阿里對我來說，更多了分大哥哥般的親切感。

幾個月後，前美式足球明星詹姆・布朗——當時他已轉行成為好萊塢電影明星——邀請我到克利夫蘭，跟一群黑人運動員和社運分子討論阿里拒絕被徵召從軍一事。我只是UCLA一個大二生，才二十歲，是這個後來被稱作「克利夫蘭高峰會」中最年輕的參與者。我們要決定的是，是否公開支持聲援阿里。這個小組完全不是橡皮圖章而已，好幾位參加者曾在軍隊待過，布朗自己就參加過陸軍的「預備役軍官訓練營」，大學畢業時已擁有少尉軍銜。律師卡爾・史篤斯跟伍登教練一樣，曾經參加過第二次世界大戰；高峰會後數月，他當上克利夫蘭市長，而且是美國史上第一個在主要大城市當上市長的黑人。

原先並沒有人要開這次高峰會。一開始是阿里的經紀人赫伯特・穆罕默德打電話給布朗，希望他幫忙勸阿里放棄拒絕參軍，避免大筆收入的損失，甚或破產，不用說還有民眾的譁然不滿。穆罕默德跟阿里有著同樣的宗教信仰，但他也想保護他的朋友不要陷入經濟困境，在兩難議題間掙扎不已。穆罕默德覺得，布朗是勸說阿里的合適人選，除了因為布朗多年來是個高分貝社運分子，阿里應該會聽他的；而且布朗也是行銷阿里賽事的公司的合夥人，所以阿里能否出賽也關乎他的利益。

可是，布朗嚴肅看待自己的角色，邀請了我和其他會議成員到克利夫蘭，一起評估阿里的誠意和投入程度。每個運動員的反應都是立刻同意前來，而且負擔自己的費用。我對於終於能夠較為直接和積極參與政治運動感到十分興奮，因為可以真正做點事情，而非只在旁邊抱怨。我也希望能盡我所能協助阿里，因為他令我覺得身為非裔美國人是一件光榮的事。

一九六七年六月四日，我們齊集在「黑人工業經濟聯盟」（NIEU）——即後來的「黑人經濟聯盟」（BEU）——的辦公室內。布朗是BEU的共同創辦人之一，我則是BEU洛杉磯分會的志工。雖然我們十分欣賞阿里，我們仍然「拷問」了他好幾個小時。高峰會好些成員原本已決定要說服他接受徵召從軍去，所以討論頗為激烈，問話和回答來回激盪，火花四射。但很快，我們全都意會到，阿里是不會改變主意的。連續兩小時，他跟我們演講他對伊斯蘭教、黑人的自尊以及宗教信仰為何讓他覺得越戰是個錯誤。

我們早注意到一件事：越戰初期，負擔得起上大學的年輕人均可免役，剩下的窮小孩——大部分是黑人小孩——便被逼上戰場。這是一場讓有色人種對抗有色人種的戰爭，為的卻是一個拒絕給他們基本民權的國家而戰。這不只是政治；阿里充分了解他的行動會為他自己、為伊斯蘭國度帶來甚麼樣的後果。結果他說服了我們，大家決定支持他。比爾・羅素為我們做了個總結：「我很羨慕阿里……他擁有一些我無法修練到的特質，事實上很少人擁有，那就是他絕對真誠的信念。我不擔心他，他的自我建設比我認識的任何人都要好，能夠應付接踵而來的考驗。我擔心的是我們其他人。」

我們在克利夫蘭高峰會中盡了一切力量支持阿里的法律抗爭，讓大眾了解徵兵令的不公平，但我們知道面對鼓吹戰爭的好戰分子，我們是多麼的勢單力薄。二〇一七年一月，高峰會過去五十年後，布朗、我、一些運動員和社運分子參加了由聖荷西州立大學「體育、社會及社會改變研究院」所舉辦的研討會〈從空話到行動〉。

參加過高峰會，聆聽過阿里鏗鏘有力地為他的道德信念辯護，以及目睹他願意為此受苦，重新燃起我投身政治運動的意願。這種為確保美國人民得到公平和機會而加入社會運動的感覺，從那時起一直未離開過我。

伍登教練呢，卻不是阿里的粉絲。

珍珠港事件後，伍登離開了他妻子、兒子和女兒，暫時放棄了他的高中英文教師、教練以及職籃球員工作，加入了海軍。二戰期間，他就這樣在軍中當了四年的體育教師。臨時發生的急性闌尾炎，卻使得伍登少尉無法登上正要航向南太平洋的富蘭克林號航空母艦。替代他的是他大學的兄弟會朋友、也是普渡大學美式足球隊四分衛佛列地・史托庫普。沒多久，富蘭克林號被日本一架神風自殺飛機直接撞擊，史托庫普因此死亡。失去朋友而且充分意識到死的很可能是自己，使伍登教練極為珍惜軍兵的犧牲。這也使他對於那些想逃避兵役的人較不能容忍。

我在UCLA期間，他跟我從沒詳細討論過阿里，但偶爾會講一兩句批評阿里的話。他知道阿里和我是朋友，所以他的評語永遠只是輕輕帶過，彷彿他只不過試圖潛意識地影響我，像個笨笨的催眠師。「一開始是卡修斯．克萊，後來卻是穆罕默德．阿里，嗯。」「能幫你的國家打仗是一種特權，不是義務。」「難道他看不懂他這是傷害著國家？」之類之類。

我都不理會他這些評語。我覺得自己好像父母離異的小孩，被逼聽一個抱怨另一個，但你兩個都愛。我同樣尊重及仰慕伍登和阿里，也希望能維持跟他們的關係。而雖然我越來越投入政治運動，可是我還是愛著籃球。籃球是我逃避之所。我懂得所有的規條，擁有打籃球的技巧，也喜歡比賽結果永遠乾淨純粹。政治呢，則好像永遠沒有解決辦法，只有更多的障礙。

阿里是伍登和我之間的小煩惱，但不會影響到我們的關係。我尊重他退伍軍人的立場，但我也知道阿里走的路是正確的，而這條路伍登卻無法理解。他太忠於舊思想了，不容易接納新思維。我覺得，他就好像一部美國憲法：原來的版本有瑕疵（例如不准女性投票或容許奴隸的存在），但它也提供了一個基礎，可隨時間而改進、成長，同時符合憲法最初追求公平的精神。伍登教練的信念不會永遠停滯不前，隨著更多的閱讀和觀察，他的觀念也會演進。二〇〇九年他告訴一位採訪者，政治方面他會形容自己為自由派民主黨，但也投過票給某些共和黨總統候選人。

無論他相信甚麼，在我替他打球的期間，他從未公開批判我的信念。一九六八年四月，就在金恩博士被暗殺後不久，我參加了校園內一個支持金恩博士理念的抗議遊行。這是個悠閒鬆散到不行的抗議活動：一群學生在棕熊步道上拿著標語牌子閒晃一個小時，就這樣而已。我們沒有侵略性和有禮貌到簡直只像是站在那裡展示紮染T衵。儘管如此，我們還是激怒了一些人，質問我到底在幹甚麼。「你快要進ＮＢＡ打球賺大錢了！為甚麼還不懂得感恩點？這國家給了你所有的東西！你將要比大部分白人都要有錢哪！」我按耐著性子，解釋說我的成功和這些議題無關，但那些人根本不願意聽我講。

伍登教練對我參加抗議一事一清二楚，但他一個字也沒跟我說。他不會給我臉色看，沒有說難聽的批評，他表現得好像完全不知道有這回事似的，我就假定他同意我的做法了。

多年後有一次我們在韋斯特伍德吃午餐時的談話，算是他最接近跟我坦承，我的反戰活動是有其道理的。當時他聊到以前教過的一班英語課學生，說要讓他們學會欣賞莎士比亞是多麼的困難。「對他們來說，莎士比亞的劇本是些『滿是聲音和憤怒、毫無意義，由傻子講述』的故事。」

「那是《屋頂上的提琴手》的對白嗎？」我開他玩笑。

「《馬克白》，」他說，咬了一口他的烤起司三明治。

「你怎麼記得那一大堆句子？」

「我教了很多年英文呀，卡里姆。想忘記都忘不了。」

「你應該參加《危險境地》。肯定會賺大錢。」

他沒回我話。賺錢從來不是他做任何事情的主要動機，他是為了喜愛那份工作，也許為了責任，卻永遠不是為錢。

「你曉得我一直不明白的，」我說：「你為甚麼不教英文了？很明顯你非常熱愛文學。」

他眼睛亮起來，我知道這觸動了他一些快樂回憶。「我在海軍省悟到一件事。那期間我不在學校時，收到很多籃球隊員寄來的信，卻極少來自英文班的學生。當下我明白了：我對球員的影響大於對其他學生。體育的某些因素，競爭心、練習或甚麼的，將大家距離拉近。」

「汗水比膠水更有黏著力，」我說。

他笑起來：「我以後也許會用那一句。」

接著他靜下來，沉思了片刻。「但有時我很懷念教室、故事、劇本、詩。」他看著我，好像想傳達些甚麼。「知道湯瑪士．哈代嗎？」

「大二那年讀過《還鄉記》。對他大概只有這麼一點點認識。」

他啜了一口冰水，唸道：「他們將鼓手霍奇丟進去，長眠／沒有蓋棺——一如找到時：／

他的地面標誌是座小山／周圍平原被它分開：／西邊的異國星星／每晚在他墳塚上空。」

完全不曉得他在講什麼，但我不想直說，搞不好那跟年老有關。我也忍住不說「哈代哈哈」。

「這首詩說的是一個年輕英國士兵，不到十五歲吧，在南非打波爾戰爭。之前他從未離開過家，而他被殺了，被扔到一個沒掩埋的洞裡，沒有棺材。地點在一個小山上，意思是他的墳墓沒有任何標誌。從今以後，這孩子將永遠躺在他不熟悉的星空下，遠離家鄉。」

我沒說話，只是聆聽。

「重點是，那首關於一八〇〇年代一場戰爭的詩，到了今天依然切中時弊。這些事情永遠不會停止的，卡里姆，永遠不會停止。」

他是不是在告訴我，抗議越戰是正確的，抑或他只不過受夠了戰爭的一切？

二〇〇七年我找到一點線索。那次他從肯德基州路易維爾回來，此行目的是去協助「麥當勞全美高中明星計畫」。而反正已到了路易維爾了，他就順道去參觀生產「路易維爾強棒」的路易維爾球棒工廠，另外還去參觀了穆罕默德．阿里中心！回想他早年對阿里的不滿，我滿訝異九十七歲的他會為此花那麼大的力氣。我知道當年海軍駐紮在愛荷華時他當過軍隊的拳擊教練。那些日子打籃球太熱了，他就被改派去指導軍校學員練拳擊。但這趟參觀行程似乎不只源自於對拳擊之愛。

下一次聚會時，他問了一堆關於阿里的問題。他是個怎樣的人？他的帕金森病有多糟糕了？我還有跟他見面嗎？我在洛杉磯湖人隊時，阿里偶爾會來看我打球，我也會去看他的拳擊賽。我們還有聯繫，但他的健康狀況不容許他舟車勞動了。

關於阿里，伍登談興十分濃厚，於是我撈出個一九八〇年的阿里軼事。那次他跑來論壇球館看我打球，而再過幾星期他就會跟他以前的陪練夥伴拉里．霍姆斯對打。「他走進更衣室時，我瞪著他看，」我告訴伍登：「看到他體能狀況那麼差，我大吃一驚。他肚皮突出，臉孔浮腫。我立刻告訴他他應該罷手。我們全希望他收手，但你知道，他聽不進去。他以為他可以永遠繼續下去。」

「我們還不都是，」伍登回答，咧嘴一笑：「我們還不都是。」

「他完全不理我，問我體重多少。我告訴他兩百五十磅，他笑說：『嘿，我也是呢。』」

「那對他而言太重了，」伍登教練說：「會減損他的敏捷度。」

「我就是那樣告訴他，」我說：「他只是笑，好像沒什麼他應付不來似的。但你看得出來他開始取巧走捷徑。他使用利尿劑去掉體內水分來減重。」

「那很不好，會形成脫水，減低血液中的鉀含量；你會頭痛和抽筋。這些我全部看過。」

「就像你一直告訴我們的，想維持在最佳狀況，千萬別走捷徑。我現在還是這樣做。」

他微笑，很滿意我記得他的訓勉。

「看到沒，」我說：「我也懂得引用偉大人物的金句。」

「我的天，卡里姆，」他輕聲抗議，轉過頭去，不讓我看到他的臉。

我在UCLA那段時間，美國國內的宗教經歷許多巨大變動。越戰的偽善以及對民權運動中的黑人、對婦女解放運動中的婦女的強力反鎮壓，令很多年輕人對掌管事務者再也不抱希望。我們將布幕掀開，看清楚了裡頭的魔法師，原來只是一群追逐私利的商人以及他們的走狗政客，他們從戰爭獲利，從破敗的貧民窟獲利，也靠付婦女較低薪酬而獲利。很多宗教團體是贊成維持現狀的，因此他們失去威信，大家開始探索其他宗教和信仰體系。集體群居的公社越來越流行，山達基教會逐漸成長，人類潛能運動極受歡迎，有些人花幾千美元只是坐在房間裡發呆，還不可以去上廁所；也有人參加靈修會，用包了軟墊的棒棍互打。

對這些另類活動大搖其頭的人其實沒弄懂重點。民眾已經對他們的國家、宗教和社會「善」的一面失去了信心。他們如喪家之犬，只想找些東西來相信和仰望。

我從小被教導要成為天主教徒，念天主教學校，差不多每個星期天進教堂參加彌撒，直到我搬出父母家到UCLA念書才停止。我和天主教的關係一直十分脆弱。天主教學校的課綱剔除了歷史上所有做過英雄事蹟、出色貢獻或創新事件的黑人不提。我卻發現了數以百計的黑人藝術家、作家、科學家、政治領袖、軍人、發明家，他們作出貢獻，在美國歷史上扮演了極具影響力的角色，然而他們卻全被歷史課本略過不提。更糟糕的是，那些用炸彈攻擊教堂殺死小女孩的白人，那些開槍射殺手無寸鐵的黑人小男孩的白人，用棍棒狠打黑人抗議群眾的白人，全都宣稱他們是自豪的基督徒。三K黨就宣稱他們是自豪的基督徒。

我對於一個擁有這麼多邪惡追隨者的宗教毫無好感。是的，我也知道馬丁・路德・金恩博士牧師也是位自豪的基督徒，很多民權領袖也是，伍登教練是個虔誠的基督徒。我更明白支持民權運動的群眾中很多是白人基督徒，他們勇敢地和黑人肩並肩遊行。事實上，三K黨徒跑來襲擊遊行群眾時，被打得最兇的通常就是白人，因為他們被認為是白種叛徒。我並沒有譴責宗教，但我絕對覺得跟它十分疏離。

我的困境部分來自於：我逐漸意識到，每個人都在歡呼喝采的那個路・阿爾辛多其實只是他們心目中的我。他們要我成為的是規矩、體面的種族平等樣板，可以做成海報，告訴大眾任何人或任何背景，不論種族、宗教或經濟階級，都可能變成一個美國成功故事。對他們來說，我是個活生生的例子，說明種族歧視只不過是個神話怪獸，好比希臘神話中的牛頭怪。但是我很清楚，那只是他們營造出來的神話，目的是讓大家感覺良好，可以繼續忽略那些生活在貧窮和恐懼中、無法脫貧的人。

我不由自主地也會疑惑，伍登教練是不是用同樣的眼光看待我。當然我很感激他為我做的一切，但我無法成為不是我的我，就算為了伍登也做不到。要說甚麼的話，我要謝謝他給我的訓練，使我具備表達自我的信心。而當他使我成為更好的球員後，我對自己就更有信心了，包括在智慧方面的提升向上。還有，成為更優秀的球員後，UCLA就贏得更多球賽；我們贏得越多，我也就更有名，這給了我一個發聲的平台，說出我的意見，特別是關於種族不公的想法。

大一那年我開始閱讀《馬爾坎．X自傳》以及跟伊斯蘭教有關的書籍，慢慢覺得這樣不夠，於是跟隨哈瑪斯．阿布都．卡利斯學習，時為一九八六年。一開始是哈瑪斯提醒我父親加入「黑人穆斯林」教派的風險，隨後父親就推薦哈瑪斯給我。在密爾瓦基公鹿隊打球的日子，哈瑪斯教導我他的伊斯蘭版本，我熱情擁抱他的教導。一九七一年我二十四歲那年，我改信伊斯蘭教，成為卡里姆．阿布都—賈霸，這名字的意思是「高貴的、全能的神的僕人」。

各種反彈立即到來，而且十分殘酷。粉絲的行徑好像我剛在美國國旗上小便，同時往他們的教堂丟了一包著了火的大便似的。我嘗試解釋我並不是否定基督教，而不過是投入一種跟我文化背景較為契合的宗教而已（從非洲被帶到美國的奴隸中，有百分之二十到三十為穆斯林）。球迷也以為我加入了「伊斯蘭民族國」，這是一九三〇年在底特律創立的美國伊斯蘭運動組織，阿里也是他們的成員。雖然我受到他們另一位成員馬爾坎・X的影響，但我決定不加入他們，因為我想專注在心靈上而不是政治上的層面。後來，馬爾坎摒棄了這個組織，接著就被三個組織成員暗殺身亡。

採用新名字這個舉動反映的是：我要捨棄生命中一切跟家人和族人有關的奴役象徵。「阿爾辛多」原是千里達一個法國莊園主人的名字，我的祖先是他們的奴隸。實際上，我的祖先是約魯巴人，即今天的奈及利亞或貝南共和國。繼續使用我家族主人的名字似乎對他們很不尊敬。感覺上，那個名字是個烙印疤痕，是種恥辱。

我對伊斯蘭教的忠誠是很全面的，我甚至答應與一位由哈瑪斯介紹的女生結婚，儘管事實上我另有心愛之人。我永遠是個團隊中人，乖乖聽從哈瑪斯「教練」的建議，包括沒有邀請我爸媽來參加婚禮，這是個錯誤，後來花了我十多年才終於彌補過來。對於哈瑪斯的指示，我不是全無疑惑，可是由於我體驗到的心靈滿足感實在太豐富了，所有疑慮都被我合理化，消失無蹤。

但我的獨立性格終究冒出頭來。我不甘心所有的宗教知識全來自同一個人，因而決定動手研究，很快就發現我無法同意哈瑪斯對《古蘭經》的部分解說，於是我們分道揚鑣。一九七三年，我跑到利比亞和沙烏地阿拉伯，學了點阿拉伯文，自行研究《古蘭經》。通過這次探索，我對自己的信念更加清楚，信仰更煥然一新。

從一九七三年到今天，對於改信伊斯蘭教的決定我從未動搖或後悔過。不過回顧當年，真希望能夠比較隱密低調地行事，以避免後來的公關夢魘。當時我將我的聲音加到民權運動上，聲討奴役的無窮貽害以及支持這些壞蛋的宗教組織。結果比我預期中太政治化了點，偏離了——對我來說——一場比較個人的探索之旅。

伍登從沒將我改信別種宗教當成一個議題。他第一次直接面對此事是一九六八年我們打NCAA半決賽那個晚上。比賽完畢後，我做了件此前未做過的事：穿上一件紅、橘、黃色彩豔麗的非洲袍，我管這件衣服為我的「尊嚴之袍」。那個晚上我的喜悅蓋過我的謹慎，但並不是為了向任何人挑戰；只不過是我「找到自己的根源」的小小宣言而已。

從更衣室走出去時，顏色花稍的寬袍在膝蓋處嗖嗖擺動，我感到一點點的反叛和不可一世——誰敢跟我說三道四？正跟記者講話的伍登教練聽到聲音轉過頭來，看到我穿成一隻五彩孔雀的模樣，停頓，看了片刻，然後露出燦爛笑容，像極了一個父親看著兒子演鬧劇。他的笑容讓我輕鬆不少，繼續走出更衣室，腳步更帶勁。

我還未跟任何隊友提起改信伊斯蘭教一事。不是要搞神祕或甚麼的，只是不曉得該如何啟齒。「嘿，咱們今晚打垮那些笨瓜吧。順帶一提，我現在是個穆斯林了。棕熊隊加油！」這樣行嗎？

隊友們也從沒提起此事，沒有評論，但其實他們是知道的，只是假裝不曉得而已，情形有點像我得了絕症，他們不想讓我難過所以絕口不提。伍登教練不會碰這話題，因為他認為這跟他無關，他覺得每個人必須自己找方向。他大概還很高興，我的性靈之旅起碼表示了：我十分關心要做正確的事情。

然後，終於到了我跟所有隊友和伍登教練公開攤牌的那個晚上。原本那只是一趟普通的巴士旅途，結果卻成了我畢生難忘的經驗，多年後大家還會提起那個晚上發生的事。比爾・史威克形容這是他「生命中或籃球生涯中極具代表意義的一刻；難忘的心靈體驗。」海恩茲也覺得那個晚上是他「在UCLA幾年間最值得懷念的時刻。一群人坦誠傾訴，毫無窒礙，真特別。」

那是一九六八年十二月初的事。我們剛在哥倫布市打敗了排行十三的俄亥俄州立大學，正坐著巴士前往南灣市跟排行第五的聖母大學比賽。時已夜深，大家都極疲倦，巴士內一片寂靜，沒有人唱歌、扯別人的褲子或在沉睡中的隊友臉上畫鬍子。這趟旅程是單純的因公出差。有人打瞌睡或看著窗外黑沉沉的田野；也有人靜靜地講話。我坐在二年生史帝夫・派特森旁邊，他是我的後備中鋒。

我們那一年的球隊代表了好幾種宗教：五、六個基督徒，其中幾位是福音派的；兩位猶太裔；還有我，唯一的穆斯林。派特森是重生基督徒，絕不怯於跟別人分享他的信仰，覺得每個人都應該成為基督徒，才能拯救自己的靈魂而不進地獄。他不是傲慢，而是真誠的關心隊友的永生，他無法忍受他的隊友在地獄受苦。很明顯他並不知道我最近的宗教變動。他高調宣揚自己的信仰，我邊發呆邊聽；類似的東西我在一家又一家的天主教學校裡已聽太多了。

但最後他講的有點超過我的容忍限度了，「你知道，基督為了全人類而死。你不想到地獄，基督是唯一的得救途徑。」

「史帝夫，等一下，」我打斷他：「世界上那一大幫子沒聽過基督是誰的人呢？他們就不會被救了麼？」

史帝夫搖頭。「不會，我覺得不會。」

「謝謝你啦，史帝夫，」約翰．艾克嗤之以鼻。他是個猶太人。

「讓我弄清楚，」我跟史帝夫說：「印度一個小孩子死於霍亂，她就直接進地獄了？」

他遲疑不定。「有可能進煉獄。」

「為甚麼是煉獄？她只是個小女孩，沒做過甚麼錯事。」

「路，我們全在罪中出生，」他回答道。

「但她沒任何罪。」

「我們全都有罪。因為夏娃。讀讀你的《聖經》吧，老友。」

「我讀過，史帝夫。而它沒什麼道理。」

「你認真讀的話就會有道理。」

「我認真讀了。這是為甚麼我知道《聖經》沒提到過啥煉獄。煉獄到了十二世紀才被當成名詞用。」

同樣的討論，大概同時出現在美國各地的幾百個校園宿舍裡，參與討論的學生興致盎然，每個人都認為自己的想法才是正確。

隨著我們的音量升高，其他隊友也側耳傾聽，也許是想看我們打一架，但也可能是他們對這個題目有興趣。伍登教練坐在巴士的最前方，頭歪歪的，專心在閱讀某本西部牛仔小說，似乎沒聽到我們，也或者不想捲進來，因為情況可能失控：這是兩個慣於激烈競爭、認為自己才是找到了啟發心靈方法的傢伙呢。總之，重點是撇開我們那些瑣碎歧見，史帝夫真是個謙謙君子，他只是想做好事做對事而已。他在UCLA校園內積極參與教會事宜，甚至開辦了一個傳道的據點，即「耶穌基督光與力之屋」，住進這屋子的不限基督徒，信仰任何宗教的學生盡被包容。所以他不是空口說白話而已，他坐言起行，對此我十分尊敬。

我們的討論沒有升級到吵架，我們換檔踩煞車，停止「我對你錯」的衝動，聆聽及理解對方的觀點和信仰。其他隊友呢，原本分散坐在巴士內，聽到我們聲音後逐漸圍攏過來，最後差不多整個籃球隊都圍在我們旁邊，有幾位還參與討論，可是沒有一個人死守自己的信念；相反地都願意聆聽或問問題。巴士穿過黑夜中的印地安那郊野，我們全打破心防，暢所欲言，分享著前所未經歷過的互信和親近感。有些訴說對自身信仰的疑惑，另幾個說他們根本已失去信仰，但有人則因為離開家裡反而跟他們的信仰更加接近。作為個人，我們從未試過如此親近過；作為團隊，我們也從未試過如此親近過；事實上我們往後也再沒試過如此親近過了。

這是為甚麼我突然一陣衝動，覺得必須說：「你們還不曉得的話，我已改信伊斯蘭正統派。」

一片靜默，那種你在外太空才聽得到的靜默。

我身體緊繃，預備暴風雨的到臨。我已將潘朵拉的盒子打開了，只好準備抵擋噴過來的毒液，但甚麼都沒有發生。有些人早已知道，還不知道的只是稍稍驚訝，他們知道我一直都在研究宗教、哲學和政治，也看到我帶上巴士或放在儲物櫃裡的書：埃爾德里奇．克萊弗的《冰上的靈魂》、威廉．巴瑞特的《非理性的人：關於存在主義哲學的研究》，當然還有《馬爾坎．X自傳》。他們沒有倉促評斷我，而是對於我決定改變信仰的過程有興趣，極之好奇成為穆斯林的意義為何。

「黑人穆斯林和，呃，一般的穆斯林有甚麼分別？」

「為甚麼穆斯林會殺掉馬爾坎．X？他也是穆斯林啊？」

「馬爾坎．X是啥傢伙？」史威克問。

「你都不看報紙的嗎？」海恩茲說。

大家爆笑起來。

「我看報紙只為了確定他們沒把我的名字寫錯，」史威克回應一句。

更多笑聲。

伍登教練聽到我們沒有爭吵，只有笑聲，也從車頭走過來，但只偶爾問個問題，完全沒有要當調停人或主導談話的意思。我好幾次偷瞄他，看能否看出他對我改變宗教的反應，但我只看到他臉上的愉悅笑容，不是對著我笑，而是對著整個球隊笑。他帶的這群小伙子不光是球員而已，也是他希望我們會成為的成熟、懂得尊重別人的紳士。對他來說，那比任何冠軍都重要多了。

伍登也很關心我們往後在另一世界的生活。但他的意思是我們不打籃球之後的生活。在他眼中籃球只是個教育工具，好讓我們準備好活得豐盛、成為好父親、好丈夫和好公民。而起碼在那個十二月夜晚的兩個小時，他不用擔心我們的後籃球生活會有問題了。

UCLA 安德遜管理學院於二〇一〇年設立「約翰・伍登全球領導獎」，獎勵「社區中領導及服務的模範」。照片中教練和我參與相關的座談，討論領導力在社會中扮演的角色（從左到右：ABC 新聞網的黛博拉・羅伯絲、伍登教練、卡里姆・阿布都－賈霸、基西・艾瑞克森以及賈摩爾・威爾克斯）。（照片提供：Deborah Morales）

伍登教練是極為虔誠的基督徒，有一次他說：「如果有一天我因宗教被審判，我真心希望對方有足夠的證據來定我罪。」但他也是個喜歡簡單事物的人。他不會走來走去引用《聖經》的句子，而只是依靠一張卡片。他父親在他和兄弟們小學畢業時都會送他們一張這樣的卡片。卡片的一面印了以寫詩和小故事著名的亨利．文戴克牧師的一首詩：

四件每個人必須學會的事
如果他想活得更實在：
澄明地思考，去除混淆，
愛你的同胞，誠摯無虛，
行為動機要誠實純淨，
堅定信任上帝和天國。

卡片的另一面是一份名單，標題是〈七件應該做的事〉：

一、真誠待己
二、把每一天打造成你的傑作
三、幫助其他人
四、從好書中深深吸取深意，尤其是《聖經》
五、把友誼變成藝術
六、未雨綢繆
七、祈求指引，重視並感謝每一天你受賜的福澤

伍登將這份名單重新命名為〈我父親的七大信條〉，每一天都依循這套訓示生活，也教導其他人學習其中道理。

我們認識的漫長歲月裡，我確實目睹他把這七大信條融入日常生活中，切實執行，但尤其是最後的第七信條，在我大二那一年的感恩節，特別顯得他言行一致。

那一年的感恩節，我窮得沒錢回紐約過節，於是我的兩個好朋友——雷伊和朱利安——從紐約到加州來看我。我們從小一起在紐約長大，他們在懷俄明一家兩年制大學打籃球，而伍登十分有愛心，邀請他們和我一起到他女兒家吃一頓傳統的感恩節晚餐。那幾天南加州在下雨，因此天氣有點陰涼。我們開車前往伍登女兒在聖費爾南多谷的家，迷路了好幾次，打

電話去她家問路線指示，結果遲到了，但他們一點都不介意。就是那樣隨和的家庭，就是那樣隨意的一天。

房子鑾樸素的，他女兒南恩熱烈歡迎我們，好像我們是她幾百年未見面的表兄弟。教練的兒子詹姆斯當天也出席，同樣地溫暖和殷勤好客。南恩的孩子在客廳玩耍，電視機則播放著梅西百貨感恩節遊行。當下我觸景傷情，思鄉起來，因為從前我父親會帶我去看梅西百貨遊行。因為這樣，往後到成年多年後，我仍繼續每年看遊行的電視轉播。

我把小孩背在背上走來走去，他們被逗得高興極了，因為以前他們未試過被拎起來到這麼高過。「看，媽，我在飛！」我在房子裡衝來衝去，他們高聲尖叫。

我從未見過伍登這樣放鬆。今天他是個單純的祖父、父親和朋友，不是教練。他坐在安樂椅上，但因背部有點問題，每幾分鐘就需轉換一下姿勢。那是在海軍時發生的事：有次打籃球時，他被犯規，撞到一條鋼柱，造成脊椎重傷，動了好幾次手術，這是為甚麼他走路有點駝背，年紀越大越加明顯。

晚餐是預期中的傳統，火雞、肉汁醬、薯泥、火雞填餡。只要是感恩節卡片上有用來當圖案的感恩節餐點，那天的餐桌上都有。我十分感恩，能夠參與其中。

餐桌上，大家輕鬆聊天。南恩取笑教練的迷信習慣。我知道他比賽前總要拉緊襪子，吐一口口水在地板上，用鞋子踩一下，摩拳擦掌，接著拍拍助理教練的大腿。

「你知道髮夾的事情嗎？」南恩問。

如果伍登有覺得尷尬的話，他可掩藏得很好，似乎還有點因為家人的注意而沾沾自喜呢。

「不知道，」我說：「髮夾？」

「每次他撿到一個髮夾，必定要儘快找到木頭類的東西，將它釘在上面。樹啦、桌子、門邊，都可以。」

「聽說聖路易紅雀隊的球員都那樣做，」他說得彷彿那是全世界最合理的解釋。

「有時在比賽日，」奈麗的聲音悠悠加入取笑他：「我故意留下一個髮夾，好讓他能那樣做。」

他們又說當他找到一個銅板時，會將它塞到左邊鞋子裡，一整天踩著它走來走去。

這樣那樣的講了一小時。離家兩年來，我從未試過那麼強烈的身在家中的感覺，那麼舒服，恰意的跟大家坐在一起。

晚餐後，伍登和我坐在客廳中，朱利安和雷伊輪流跟小朋友玩，詹姆斯、奈麗和南恩則在廚房，不准我們進去幫忙洗碗盤。

「重視並感謝每一天你受賜的福澤，」他說。這是他父親給他的第七大信條的下半：「知道我為甚麼要每一天都感恩，而不只是在感恩節這一天？」

「你家人？」我猜道。這似乎是年紀較大的人會說、多愁善感的句子。

他在椅子裡蠕動了一下。「你知道二戰期間我是如何因病而錯過了我的戰艦，我的大學朋友代替我上船，結果死掉？」

我點頭。之前在甚麼地方好像聽過。

「我也聽說你星期二晚經常縮短球隊訓練，好趕回家看一個電視節目。」

他點點頭：「對。《懷特．厄普》。在你的年代之前拍攝的。」

「不全對。我在電視上也經常看這影集。」

「休．奧白萊恩演懷特．厄普。你知道他二戰時在海軍陸戰隊？才十七歲，是他們有史以來最年輕的教官呢。」

他從那兒挖出這許多奇奇怪怪的資訊？我想著。「你現在還很喜歡西部片，是吧。你在巴士上總在閱讀西部牛仔小說。」

他對我笑了笑：「路易斯，知道我為甚麼喜歡它們？」

「很多打鬥動作？」那是我喜歡的原因。

「那也不錯。但主要是因為裡頭總是有個明顯的好人和一個明顯的壞人。好人很清楚他要怎麼做才可以打敗壞人。」他臉上漾出更大的笑容：「而他永遠做了正確的事情。」

「那很不真實，」我說，內心的政治怒火燃起：「世界不是那樣的。」

「的確不是，」他說：「但有可能是那樣，有可能是。」

那是我從教練那裡學到最寶貴的其中一課，而他一再教導我其中的真理：只專注在事情有多壞是不夠的；我們也要夢想事情可能會怎樣，對自己必須有信心，我們有可能讓夢想成真。或者，就像伍登經常引用羅伯特・布朗寧所說的：「一個人應超越伸手可及之處／否則天堂還有何用？」

第五章　我們麻煩大了，而且就在波利球館走伍登的路卻迷路

那些最能順勢而為的人，結果也會最好。

——約翰．伍登

《雙虎屠龍》是伍登教練最喜歡的西部片之一。電影接近尾聲時，一位記者被問到會不會將利波堤．華倫斯（譯注：電影裡的壞蛋）到底如何被殺如實報導出來。但這樣做將會破壞了長久以來極受歌頌的神話，即壞蛋是死於一場驚天動地、英雄式的決鬥中。對於這個問題，那位記者挖苦地回答說：「先生，這裡是西部呢。當神話已成史實，就刊登神話吧。」

我很清楚，我跟教練的交情對他的神話會有錦上添花之效，使他更像一個和藹可親、慷慨大度的籃球兼生命大師。因此如果敘述他的輝煌事蹟時，我不也談一下他的缺陷，相信他會極為失望。例如在那位他自己希望成為的伍登和實際上的伍登之間，有些時候那位實際上的伍登教他失望，有時那教我失望。在某些領域內成就輝煌的負擔，是人人都預期你在各方面都是完美無瑕的。可是他的偉大其實不在於永遠完美，而是在於能夠承認錯誤。而在我認識他的期間，他可犯了些蠻嚴重的過錯，但都從中學到甚多。

我覺得，他如何面對和處理那些黑暗時刻，正是最讓我佩服的原因，同時也教會我如何應付自己的錯誤。伍登教練脾氣很大，有時會很頑固，但我回應他的方式則要看我們當時的友誼處於那一階段。

我們的友情經過三個階段的演化。第一階段是我在UCLA時，那是比較正式的教練—球員關係。偶爾我們感覺滿親近的，但都只是驚鴻一瞥，部分因為我們兩人性格都頗拘謹，也因為我並沒期待更多。那時我才剛離家，離開太關注我的母親及冷漠嚴肅的父親，我不需要另一個動不動就會批評我的人。何況，當時我正研究著好幾位重要黑人人物的智慧，包括馬爾坎・X、阿里、金恩博士等，以他們為我的榜樣和精神領袖，我絕不會想追隨這個講話帶中西部口音、穿白襪子配黑皮鞋的中年白男人。當時我沒搞清楚的是，我以為只是成為一個好球員的實用知識，其實是伍登為我們打下往後一生受用不盡的基礎。看得出來他十分關心我們，不把我們當成短暫過客。他希望等我們離開時，個個是成熟男子漢，工作態度良好，擁抱強大的道德感，否則他會認為是他的失敗。但儘管這一切我都明白，卻依然只覺得自己是一頭闖蕩江湖的孤狼。

第二階段是我在NBA、特別是在密爾瓦基打職籃的時期。我和伍登保持聯繫，但關係並不緊密，偶爾會通通電話，或當我到加州出賽時去看望他。他主要是我練球或比賽時腦袋裡的一個聲音，雖然迴盪不絕，可說的還是籃球而已。他是我的大學老師，我是努力讓他覺得與有榮焉的舊門生。在這階段，我也努力證明自己有獨立創一番事業的能力。

第三個階段呢，則是我們最親近和意義深遠、收穫豐富的時期。此時我回到洛杉磯替湖人隊打球，見面較為容易和頻繁，對他才有比較深刻的了解。我也較以前成熟了，對自己的為人以及作為一個球員更有信心，有能力回顧跟教練打球的經驗，如同他以前從波利球館觀眾席頂端往下看我們練球般，現在我也有能力看到整體的局面了，能夠將所有的點連結起來，體會到從前所學的一切如何影響著後來我做事和做決定的方式，遠遠超越了單純的籃球世界。在這階段我得以向他展現我的感激，敞開心胸繼續跟他學習。此外，我還能稍稍報答他，在他有需要時伸出援手，就像他曾經幫過我那樣。我已不需要或想要他對我刮目相看，我只想全力扶持他。

在這最後階段，透過我們的坦率聊天，我才明白：我選擇UCLA對伍登帶來的壓力有多大。一個下午，我們在他的小窩裡聊天。起初我們在看電視上的棒球賽，但當道奇隊把教士隊打得落花流水後，開始開起玩笑說，教士隊教練大概坐在球員休息區裡翻著退休手冊，準備去哥斯大黎加享受生活了。

「你離開之後，卡里姆，我差點就退休，」突然他跟我說。

「甚麼？」我說，十分震驚。「那時你正處於巔峰，如日中天啊，我們在大學籃球世界裡所向無敵呢。」

他點點頭沒說話，盯著電視上道奇的傑夫．肯特擊出滾地二壘安打。我不敢催促他。他惜字如金，慢慢思考正確的字眼。他經常引用馬克．吐溫的真知灼見：「差不多正確的字眼和正確的字眼分別甚大，有如螢火蟲和閃電的分別。」伍登講話時比較喜歡像閃電。

「你到UCLA之前，我們連贏了兩屆全國冠軍。我們有蓋爾・古德里奇、肯尼・華盛頓和德格・麥金託殊——全是一流球員。球迷喜出望外、十分興奮，因為原先完全沒有預期會連贏兩屆冠軍。但當你出現後，普遍預期只要你在隊中，我們就不會輸。贏球的關鍵變成如何將球交到大個子手中，而不是教練如何如何。突然之間，我們打球的態度不再是為了贏球，而是為了不要輸球。我討厭那樣。」

現在輪到我說些發光發熱的話，但我表現得只像隻螢火蟲。「我，呃，不知道。」

他聳聳肩，對著電視抱怨：「我的老天爺，趕快揮個棒吧。」塞薩・伊茲圖瑞斯已經錯過兩個好球，沒有揮棒。

「重點是，教練，比賽時我們從來沒有只想著把球塞給我。記不記得你告訴過我，設計個進攻體系，讓我成為大學籃球史上得分最高的人實在是一點都不難。」

「我當然記得。」他咧嘴一笑：「當時我想的是操控你的腦袋，要你成為以團隊為優先的球員。擁有超級得分巨星的球隊極少贏得冠軍。」他轉過頭來看著我，微笑。「結果我不需太花力氣，你已經是個以團隊為優先的球員。記得你跟我說過甚麼嗎？」

「是不是，『不要再操控我了，你這怪老小子？』」

他笑：「不。我告訴你我們可以將你捧成史上得分最高的人，但我們贏不了冠軍，你說，『教練，你知道我不想那樣。』」

他身體往後一靠，還在回憶中微笑。

「嘿，我真了不起，」我說。

他再度笑起來。「有些時候，你真蠻了不起的。」電視上播著床墊廣告。他挪動了一下身體，換個坐姿，臉容嚴肅起來。「當你身在峰頂時，大家都預期你會贏。差一點點他們都不會滿意，更不會吝於讓我知道。但無論多厲害的教練，也不可能永遠是第一名。」

我安靜地聆聽。某些情況下，這就是表示友情的最佳辦法。

他繼續說：「你知道我經常說的，『真希望我每一位當教練的好朋友都贏一次全國冠軍。那些我不太欣賞的呢，我更希望他們多贏幾次。』」

我突然明白，我除了是他成就感的最大來源，卻也是他焦慮的最大來源。真是慚愧，替他打球的四年，我想都沒想過他會面對的壓力。我看著他，驚訝於他從未跟我或隊上任何人說過半句話——無論閃電或螢火蟲都沒有——訴說一下他經歷了甚麼。海明威說的，「勇氣是壓力下的優雅」倏然襲上心頭，而且我差點就大聲說出來，因為換我來丟丟書袋伍登會被逗得很開心的，但我沒這樣做，因為讚美他很可能反而令他尷尬。

我換了個方式：「嘿教練，你要占著那些花生米不讓我吃嗎？」

有時在練球之前，伍登會跟球隊經理巴勃．馬庫次走進空空的球場上，伍登用他特有的下手方式從罰球線投球，馬庫次幫他撿球。當時我以為他只是為了保持狀態而已，畢竟我們都曉得，他當球員時曾經在四十六場比賽裡，連續投進一百三十四個罰球。可是現在回頭看，我才明白他這個習慣大概是為了減減壓而已。

壓力使伍登教練和隊員甚至球隊職員之間出現裂痕。有一次在芝加哥的旅館裡，比爾．史威克玩惡作劇，就是在門上掛一桶水的老招數，結果演變成跟隊友的全面水戰，最後旅館經理寫信到ＵＣＬＡ投訴。而雖然西德尼．威克斯和林恩．沙克福特才是始作俑者，三個板凳球員卻被罰最重，分別停賽四場。球隊眾人不由得注意到其中的不公平，而且不公平還來自這個曾經說過籃球是教育我們甚麼是道德的人。

大家也覺得伍登偏心，對先發球員比較好，特別是我。隊友們都要數人同住一個房間，但我擁有自己的房間。我明白那看起來很像差別待遇，但其實這做法有其必要，因為我太高大了，必須睡特大號的床，而一般旅館房間很少會配有特大號的床。吃早餐時我也永遠有兩杯柳橙汁，其他人只有一杯，但那同樣是由於我的身材而不是特權。偶爾有人會跟記者發牢騷抱怨紀律鬆弛——關於衣著、吃飯出席率、頭髮長度等等，而他們的確有其道理；自從我加入後，教練在規則方面的確放寬了不少。我當然不會抱怨，年輕人怎麼會因為規則因他改變而抱怨？但伍登火上添油，告訴一個球員他很幸運，因為我在隊上，這對球隊團結一點幫助也沒有。他還跟記者坦承：「如果我們只有幾雙好鞋子，我跟你保證一定先給路易斯穿。」他的合理化聽來十分空洞，因為他向來以堅守原則著稱。但他還說：「我明白我不像從前那麼嚴格，但整個社會都沒有以前那麼嚴格了。」

當時我根本連某些抱怨都毫無知覺，直到多年以後，有次在安迪．希爾家舊生重聚時，有個老隊友站在酒吧間，手拿一瓶伏特加，想調杯雞尾酒。「柳橙汁在哪裡？」他大聲問。「被卡里姆喝光了，」有人回答，其他人全笑起來。我不明白這有甚麼好笑，直到馬庫次解釋給我聽才恍然大悟。

另一道裂痕出現在一九六八年，再次重創球隊的團結，那就是助理教練傑利．羅曼離開UCLA。表面上他的理由是需要多賺點錢。那時他年薪只有一萬四千美元，而伍登教練年薪也不過是一萬七千，好不了多少。相對地，北卡羅萊納大學教堂山分校的狄恩．史密斯教練每年賺八萬五千美元！可是羅曼也毫不諱言，說伍登的某些評語讓他十分沮喪，因為當我們戰勝休士頓大學後，伍登告訴媒體，原先羅曼提議採用「一盯人四方型」的防守策略，以封鎖休士頓的強手埃爾文．海耶斯，但伍登改採後來證明為十分成功的「一盯人四鑽型」戰術；羅曼則堅持這是他的主意，鴻溝越來越大，甚至還擴展到羅曼的太太茱兒。「她一直覺得傑利沒得到足夠的表揚，」伍登說：「也許真的沒有，我不知道，這很難說。我知道自己總是盡力表揚助理教練們的功勞。」後來羅曼離開了籃球界，成了一位股票經紀人，第一年的收入就有六萬美元，成為千萬富翁。伍登的確有給羅曼記功勞，可是傷害已然形成。

有一次拍團體照，伍登大發雷霆，只為了少數球員穿了愛迪達球鞋，而不是贊助球隊的匡威球鞋。他高聲怒罵，大談責任感、不夠成熟等等。每個人都知道教練和匡威的老闆查克·泰勒是好朋友。不過，大家也知道匡威在籃球鞋市場呼風喚雨，因此不覺得需要改進他們的球鞋設計，連伍登也承認有問題：「雖然我的隊員穿他們的球鞋，但每當我拿到新鞋子時，都先要親手用剃刀將小指頭部位的接縫切割乾淨，否則腳會起水泡。」很明顯，伍登在對朋友的忠誠和對球員的忠誠之間掙扎不已。對我們來說呢，答案當然很明顯，一點掙扎都沒有。到了一九七〇年，伍登終於想通了，球隊改穿愛迪達球鞋。其實離開ＵＣＬＡ到密爾瓦基打職籃時，我就是第一個穿愛迪達球鞋的人。

有時候，伍登和球員的衝突比較是針對個人的。

我們和休士頓的「世紀之戰」才打了十一分鐘，埃德嘉·雷斯就被伍登從場上拔下來坐板凳，埃德嘉憤而離隊，我們就此折損了一名關鍵隊友。同一時間，我的室友阿倫正因第二次藏有大麻被逮捕而整年停賽。缺了兩名好手，又不准灌籃，要維持連勝紀錄真的很不容易，我個人的壓力尤其巨大。有一次我們要跟華盛頓州大對戰，賽前我的偏頭痛發作，痛得醫生不准我暖身，直到還有十五分鐘球賽就要開始了，才准許我出賽。我真的很害怕不能比賽，更怕這會變成常態。壓力就那樣越積越大。

雷斯和阿倫都是我極親近的朋友。他們不在球隊，一開始使我焦慮甚至憂鬱，球隊更受到抨擊。雷斯離隊這件事我沒有責怪伍登，畢竟他是老大，我們應該按照他的要求打球的。他們不在，隊上只剩下另兩名黑人球員，他們是威克斯和柯蒂斯．羅威，都比我年輕兩歲，但都比我粗野外向。在大學，年齡可能比種族更會造成巨大、難以跨越的鴻溝。於是我開始重新和其他隊友熟絡起來，例如史威克和米克．林恩等。我們的經理馬庫次跟我則因為同樣喜歡爵士樂和看功夫電影（我剛開始跟李小龍學功夫），故此我們十分投契。「能跟卡里姆重溫友情真令人愉快，」馬庫次後來說：「我們一起去爵士樂俱樂部和看電影，很酷。」友誼某程度上讓我精神放鬆不少，媒體都注意到了。「他在場上的冷靜已不是新聞了，但在公開場合所展現的隨和卻是從前少見的。」傑夫．普魯在《洛杉磯時報》這樣寫道。「他的臉孔發亮，隨時準備好笑容。態度是冷淡的，但很有禮貌。感情比較快表露出來，偶爾還很和氣。」

這是為甚麼當馬庫次和伍登教練起衝突時，我會那麼痛苦。有次在華盛頓，威克斯和幾個隊友偷溜到旅館外參加派對。由於偷溜出去順利得很，他們決定偷偷帶幾個女孩回來。伍登發現後，把他們大罵一頓。隨後也斥責馬庫次，怪他身為教練團隊之一員卻沒有嚴守紀律。馬庫次回嘴：「你真是雙重標準！」接著列出一些例子，累積已久的苦水也順便吐了一下。然後，他預期伍登當場就會把他踢出球隊，但伍登沒這樣做，而只是點點頭說：「OK，去練球。」

馬庫次跟我敘述事情始末時，我也同樣的驚訝。可同時我又不是那麼驚訝。伍登教練有可能跟一般人一樣大發脾氣，但到最後，他總是回歸到正直、公平和理性的思維上。馬庫次後來也說：「伍登教練最叫人驚訝的其中一件事，就是就算跟人大吵架，正在氣頭上，卻仍願意聆聽對方的說法。」

我親眼目睹過最教人震驚的事件，是在路易維爾的全國錦標賽半決賽的那次。此前我們贏了所有的比賽，但教練注意到最近球隊整體活力不足，他很怕原因是球員太放鬆之故。那個晚上跟路易維爾鬥牛犬的球賽就是如此，我們幾經掙扎才勉強維持些微領先。伍登情緒十分緊繃，因此當上半場史威克犯了個防守錯誤時，立刻把他從場上換下來。史威克坐在板凳上怒氣衝天。他已經是大四生，替棕熊隊打過八十九場球，把他換下來似乎有點太嚴厲。剩下四分鐘時，約翰·華里犯滿離場，伍登示意要史威克上場，但史威克為了表示對伍登教練的不滿，故意昂首闊步、慢慢走向裁判桌。伍登的回應是突如其來的一聲「坐下！」把特利・索費爾特送到球場上。史威克盛怒之下，直接大步走出球場，往更衣室走去。

當時我在球場上，沒注意這些戲劇化演變。最終我們贏了球賽，雖然只贏三分，但總算進入決賽。我們快步走進更衣室，為贏得球賽鬆一口氣。我跑去淋浴更衣時，聽到吵架聲。

「老天爺，你剛才在想甚麼？」伍登大吼。

「我想的是你不應該把我換下來！」

「你不曉得自己在說甚麼。你根本不懂我在做甚麼。」

「就因為我名字後面沒有『教練』不表示我不懂籃球！」

我身上只穿著短褲，赤著腳繞過一排儲物櫃，看到伍登雙手被兩位助理教練用力拉著。史威克還在淋浴間，腰際圍了條毛巾，下巴往前突出向著伍登教練，一臉叛逆。伍登則舉起雙拳，一副準備揮過去的樣子。

「你要跟我打？老頭子？你已經跟我玩心理戰玩五年了！」史威克高聲抱怨。

有些人笑起來，但我們其他人只乾瞪眼，嘴巴張開合不上。我們從沒看過教練如此憤怒。

「其實，你永遠甚麼都對，」史威克繼續數落：「雷斯不幹了，但你總是對，他總是錯。薩發退出，你又對他錯。這一堆問題，你永遠不會錯。你有沒有想過問題出在你身上？」

那似乎讓伍登冷靜下來。他轉身走出去，確定記者全在更衣室外，免得剛才發生的事被外界知道。

史威克仍跟大夥一起坐球隊巴士回旅館，但心裡確信自己不止已被踢出球隊，甚至會被趕出UCLA。

這次爭吵我是站在伍登這邊的。一直以來史威克總是這樣走在犯規邊沿，企圖越過伍登設下的紅線。我不介意隊友讓伍登知道他們有不同意見，那很合理，甚至對團隊士氣有幫助。但史威克好像特別喜歡往前逼進，直到教練臉孔鐵青地警告他紅線已到，別再前進一步。

星期五早上大家去餐廳吃早餐，我照例有兩杯柳橙汁，其他人也照常只有一杯。史威克則抱著不吃白不吃的心態，多吃一頓學校付錢的早餐再打包離隊吧。快吃完時，伍登跑來說想跟大家講幾句話。我們緊咬牙關，等著伍登揮舞那把恐怖快劍，斬向史威克的頭。

「昨晚我深深反思了很久，思考比爾所說的話，」伍登說，聲音低沉但堅定：「我可以理解比爾說的不無道理。」

史威克差點把口中的水全吐出來。他小心謹慎地看著教練，彷彿保安人員隨時會衝進來把他拖出去。

「可是，我當然對他表達意見的方式以及在球場上的態度無法苟同；同樣的我也不喜歡自己的回應方式。但我很高興大家能敞開胸懷，一吐為快。」

我們靜靜地盯著他看，沒有任何刀叉碰到盤子的聲響。

「總之，」教練說：「我只是很想讓各位知道，我多麼以你們為傲……」說到「你們」時他眼睛直直看著史威克。「還有能夠當你們的教練，我是多麼的高興。」他向史威克點點頭：「比爾，過來。」

史威克站起來，遲疑不定地走過去。伍登伸出手，史威克退縮了那麼一下下，接著微笑跟他握手，我們心底同時鬆了一大口氣。

對於這個結果我一點都不覺意外。根據我對伍登性格的了解，只是早晚問題，他一定會認真聆聽球員的話，感到有必要弭平一切傷口，同時幫我們上一堂謙虛課。其他教練鐵定會強硬對待史威克，以證明誰是老大。但我們早已清楚誰是老大，而在這種時刻，我們很高興伍登是我們的帶頭老大。

那天發生的一切在每個人心頭都烙下深刻印象。後來馬庫次說他「很震驚伍登可以如此坦白說出關心球隊的話。除了他的妻子和小孩，他從沒試過這樣說出心裡的感受，他向來不想讓別人有負擔。那天每個人真的都印象深刻。」史威克記得尤其清楚：「我想換做其他教練，大概都會把我趕出球隊。我們壓力很大——我知道他壓力很大——但儘管如此，儘管我做了那些事，他還試著把大家團結在一起，撫平創傷，寬恕我，真是了不起。他原諒我，讓我留在球隊打最後一場比賽。」

相信一般大眾會把我們想像成一個快樂大家庭。大部分情況下我們確實能互相尊重和欣賞，否則也不可能成功了那麼久。但就像任何每天生活在一起的大家庭，特別是不停被外界檢視、承擔著極大壓力的團體，難免會出現不和。伍登帶領的是全美最佳籃球隊，球員們是一群精力充沛、極喜歡競爭，且十分自我中心的年輕人，要求他不會跟他們偶爾衝突爭吵，等於是要求他具有超能力了。而儘管在這麼巨大、令人心力交瘁的壓力之下，儘管有時會自我懷疑，儘管為了維持高標準而跌跌撞撞，他依然勉力要做對的事情；我比較喜歡這樣謙卑但有原則的人。我喜歡他在壓力下所展示的優雅。

大學畢業後，我搬到密爾瓦基公鹿隊開啟職籃生涯，終於正式轉大人了。當時我的感受是：由於伍登教練的教導，我剛離開UCLA就有能力在更高等級的職籃闖蕩江湖。籃球就是他教過我最重要的東西了。但就像許許多多從大學的繭鑽出來的小夥子，我根本不知道自己到底學了些甚麼。這需要歲月的洗禮。在密爾瓦基的六年，我有機會回望和伍登教練相處的幾年，得到很多個「啊哈」的頓悟時刻，停下來想，「噢，原來他是這個意思。」這讓我想起每當我們不聽話時，伍登就會講的古老故事：「我十四歲時，老爸無知得令人難以忍受，我只想擺脫他。等我二十一歲時，我極之驚訝地發現，怎麼只過了七年老頭子居然進步這麼多。」

那幾年，隔沒多久我就打個電話給他，單純為了保持聯繫而已。偶爾到洛杉磯出賽時，我會去探望他。我們很友好，但還不算是親密的朋友。他仍是我的老教練，我則是個年輕球員，老想給他證明我靠自己已可以進步。我們的對話多半圍繞著籃球：關於我在職籃遇到的事情啦，有時摻雜了些緬懷我們在UCLA打球的日子。

「你知道嗎，卡里姆，」有次我去找他聊天時他說，「我不斷回想在波利球館的最後一場比賽，跟南加大（USC）那一場。有些事情我不是很確定。」

「球季內常規賽的最後一場，」我提醒他。

「跟我打球那麼久，那只是你輸的第二場球賽。」

「相信我，我記得很清楚。」那場球中斷了我們在波利球館連贏五十一場的紀錄，不用說還有中斷了對USC連勝十七場的紀錄。

「我覺得很糟糕，因為你父親也在場。那天他是不是跟UCLA樂隊一起表演？他是吹伸縮喇叭的？」

「第一伸縮喇叭手，他經常提醒我。」

「對。第一伸縮喇叭手。」他拿起隨番茄湯附送的餅乾，撕開包裝，小心翼翼地拿出餅乾，彷彿它們有輻射似的。「我一直為輸掉那場球賽覺得很難過。」

「我們九十場才輸第二場而已，教練，」我提醒他，試著讓自己聽起來愉悅快樂。可事實上這件事也困擾著我，而這件事會困擾我更是讓我困擾。我已經在打職業籃球了，太多重要事情需要思考，不應老想著這場大學時期的笨球賽。我是大學籃球史上第一個連續三屆被選為ＮＣＡＡ錦標賽的「最出色球員」呢，我和伍登合作期間連贏了三屆總冠軍，那一場比賽無關重要啦。他為甚麼偏要在享受番茄湯和烤起司三明治時提起此事？

「你想不清楚的是甚麼？」我問他：「你說你不斷回想那場球賽，有些事情不是很確定。」

「嗯，我經常疑惑你有沒有計畫在那場比賽中灌籃？我聽到謠言說你打算用力灌一次，抗議委員會的禁灌令。真的嗎？」

「那就是為甚麼你把我換下來？比賽只剩下兩分鐘的時候？」

他沒回答。「你有嗎？」

我搖搖頭：「我有想過。那會很好玩，有點像《黑街神探》（譯注：一部警匪片）。」

「像甚麼？」

我笑起來：「就是給你難看啦。但我決定不那樣做。那場比賽我拿了三十七分外加二十個籃板了。我覺得那已經表達得夠清楚。」我沒告訴他另一個原因是不想讓他難堪。

他點點頭。「我把你換下來是不想你在季後賽前受傷。那會變成你留下的歷史定位。」

「我們的歷史定位，」我更正他。

他聳聳肩。「歷史定位，」他說，好像他從來沒說過這個詞似的。「那不是我們打球的原因，對不對？」

我甚麼也沒說，不想太沒禮貌，因為我不同意。當然是呀，歷史定位是我打球的其中一個原因。我喜歡破紀錄，超越其他球員，名留青史。這不是最主要的原因，但腦海深處肯定有此想法；每個年輕球員腦海深處肯定有此想法。

「我很高興你那天沒灌籃，」伍登說，手裡的餅乾指向我：「但如果你真的灌了，那卻會是滿有意思的回憶。」他頑皮地露齒而笑，像極了一個剛在校長家把衛生紙丟到周圍都是的小屁孩。

那讓我意外極了。「你會暴跳如雷。」

「絕對會。但那會變成我的故事，不是你的。我的歷史定位，不是你的。」

我們換了個話題，但這件事我忍不住想個不停。我還只是個年輕職籃球員，對自己信心滿滿，但我仍在許多事情上摸索著：我的未來、我的家庭、宗教、政治，以及如何取得平衡。我最近才剛換了個名字，惡毒的反對聲浪使我窮於應付。伍登從我們的談話和媒體報導知道這些事，現在，他是在婉轉提醒我要選擇最適合自己的路。不是他的，不是大眾的，不是我父母或任何人的路，因為那將會是我的歷史定位。

那一天我帶著兩樣東西離開餐廳：衣服上一塊番茄湯汙漬；還有一個省悟：我和伍登的歷史定位還沒完結，相反地，才剛開始呢。這個歷史定位不會在任何歷史書裡出現，電視上的體育分析家永遠不會提起它，我的墓誌銘也不會提及，但我們作為朋友的此一歷史定位，將會是我這一生最重要、最讓我滿足的成就。

一九七五年我回到洛杉磯幫湖人隊打球，剛好趕上伍登教練的退休。很可能他退休這件事對我的打擊比對他還大。對我而言，這有點像父母將你小時候住的房子賣掉那樣。是的，UCLA仍在那裡，但校園並不是我的家，伍登教練才是。他的愛是無私的，對我們的支持無窮無盡。我打電話給他。

「教練，你確定嗎？」

「時候到了，路易斯。」通常他叫我卡里姆。這次口誤使我有點懷舊之感。

我內心掙扎，不知該恭喜他還是勸他先別退休。當然我知道想他留下的理由十分自私，只是為了隨時可以回到過去懷念，希望一切如舊。就像我回到童年時住的房子，看到房間內的擺設跟我離開時一模一樣。

「恭喜啦，教練。你當之無愧。」

「我又不是快死了，老天！我才六十四歲，還有暑期籃球營、寫書、演講，每天走五哩路，奈麗和我還安排了一趟加勒比海郵輪之旅。」

「你比我還忙，」我說，強迫自己聽起來快樂點。「而且你剛贏了第十個NCAA冠軍。看來我再不能跟你爭功勞了。」

他笑：「噢，卡里姆。」

不知為甚麼，那一刻他那句話讓我很激動。我喜歡逗他笑，那是我告訴他我關心他、還有他對我有多重要的方式。

「盡我所能了，」他說：「任何時候，可以退出且說你已盡你所能，那已經是一種勝利。」

「是，當然是。」話從我口中吐出，但不是我在說的話。我只是試圖說些正面的東西。

「不要擔心，我沒事的。一切在我計畫中。」

我打電話來恭賀他，結果卻是他在安慰我。典型的伍登教練。

我嘆了口氣：「這時候我需要一兩句金句，教練，有沒有詩、一本書，或者幸運籤餅乾？」

他想了一會兒，無疑地翻遍了心裡的金句圖書館，最後說：「就─就─就這樣了，各位觀眾。」（譯注：卡通影集《樂一通》結尾時說的話）

我忍不住笑起來。

打完那通電話後不久，我找到一句很合適的金句，來自海明威老爹：「年紀越大，越難找到英雄偶像，但我們仍然需要偶像的。」參加伍登六十五歲生日派對時，我心裡就是惦記著這句話。這場豪華派對在波利球館舉行，一堆名人都來了，你會以為這是奧斯卡頒獎典禮。著名喜劇演員鮑勃·霍普當大會司儀，他以前就當過奧斯卡的司儀。法蘭·仙納度拉現場高歌。伍登的愛將古德里奇和我以前的室友阿倫也在場。

洛杉磯市長湯姆·布拉德利也出席了這場盛會，宣布這一天為「約翰·伍登日」。而作為致謝，UCLA送給伍登教練一輛藍色賓士轎車；一個鑲了十顆鑽石的金表，每顆鑽石代表一個NCAA冠軍；此外還有四張終生票，可觀看UCLA的主場賽事。你很容易發現哪一個禮物對他意義最為重大。不久之後，他把車子換成較為低調的小轎車。金表極少現蹤，差不多都沒戴，但他去看了很多場UCLA的比賽；有些我和他一起看。

伍登終於上台跟眾人致謝。「這是我體育生涯最值得懷念的晚上，」他說：「我生命中有兩個最愛，就是我的家庭和UCLA。」他回顧了在UCLA的生活，細數他帶過的球隊，以及一個個從小孩子成長為如此正派和有成就的成年人。接著他招手要奈麗上台。「自從高中時看到妳站在啦啦樂隊中拿著小號喇叭，妳就跟我一起。」然後，看著聚集台下、為表示尊敬而來的一群球員，語帶梗塞地繼續說：「除了我的家人，最親近的就是我的球員了。如果我有傷害過任何一位，很對不起，我從沒故意傷害你們的，我愛我的每一位球員。」

「天哪，」我聽到背後有個聲音咕噥，激動哽咽。

「是呀，」另一個聲音悄悄說，極力壓抑自己。

就這樣，一個時代結束了，歷史定位已定。在這個時代中，全美最優秀的大一新鮮人球員被教導怎樣穿襪子和穿鞋子；學業成績的分數也比球場上的分數重要；學習如何上籃和傳球的同時，他們也要學習品行端正。

那一天以後，我到過UCLA校園很多次，包括寫這一段之前的一個禮拜。每一次，我都會有點預期看到教練匆匆快步走在人行道上，脖子上掛著哨子，梳理整齊的頭髮將完美的加州陽光反射過來。

搬到洛杉磯兩年左右，伍登和我漸漸養成習慣：通電話、一起吃飯，或待在他家的小窩聊天。在餐廳吃飯有點困難，因為民眾總會發現我鶴立雞群快要碰到天花板燈架的頭，隨後他們就看到教練梳理整齊、像剛犁過的農田般的灰髮。緊接著他們就會走過來要簽名、合照，或只是說聲謝謝，感謝我們這些年來帶給他們的歡樂。

我承認，我比伍登更快沒耐性。你試試看吃起司漢堡時每吃一口都被打斷？祕訣是只能點冷三明治，因為等你終於能開始吃時，熱三明治早已變冷了。可是，教練永遠優雅兼友善，讓每個人都覺得他很歡迎別人打斷他，否則他的日子就無聊透了似的。看到粉絲離去時的滿足模樣，伍登再度迫使我以他為榜樣。但這好像叫我看佛雷・阿斯坦的歌舞片來學會跳那套複雜舞蹈。看起來很容易，跳起來不然。我知道部分原因是種族的。伍登從來不用擔心一些種族歧視者跑來罵他髒話或傷害他身體。他可以悠然看每個人的善與美，我不能這樣做。可他仍逼著我嘗試。

一個下午，我們坐在餐廳裡，爭論著為甚麼我選的棒球員明顯地比他選的優秀許多，他頑固地不同意，試圖舉出事實和統計數字來說服我。我享受著邊吃午餐邊跟他抬槓的樂趣，也替粉絲簽簽名。大概簽了三個名字，談到一半時，一個臉上留著細長鬍鬚的瘦個子靠近我們。他臉帶微笑，因此伍登也回以一笑。

「嗨，教練，」瘦個子說，跟我點了點頭：「卡里姆。」

「午安，」教練說。

「我只是有點疑惑……」瘦個子開始轉入正題。

伍登和我同時背脊僵硬，坐在椅子上不動。粉絲開口說「我只是有點疑惑……」永遠以批評結束這句話。瘦個子也忠於這條定律。

「……為甚麼你要隔那麼久才拿到第一個全國冠軍？」

伍登一九四六到一九四八年就在印地安那州立大學當教練，一九四八到了ＵＣＬＡ，他贏得第一個ＮＣＡＡ第一級賽事的總冠軍是一九六四年，距離他開始籃球教練生涯整整十八年。瘦個子這問題的用意，一方面是炫耀籃球知識，另一方面是要逼伍登處於防守一方。這蠻像我在那部搞笑電影《空前絕後滿天飛》裡演的被粉絲頂撞場景。電影裡，一個小孩告訴我他老爸認為我打球時防守不力。

伍登教練抬頭看看瘦個子，笑得更開懷了。「我同意我學東西很慢，可你必定注意到，一旦學會了，我卻發揮得很不錯呀。」

瘦個子的笑容消失了，接著便走開。

教練回頭吃他的三明治，彷彿啥也沒發生過。

「你想了多久才想到這招回擊，教練？」我問。

「為甚麼你覺得這是我第一次用這招？」

我笑。早該想到這不是第一次有人問他這問題。有時我想像他坐在他的小窩裡，寫下這些金句以備不時之需。我聽過他跟馬奎斯・約翰遜討論一九七五年NCAA冠軍賽時說的話。伍登告訴他那場比賽他打了二十七分鐘。馬奎斯卻覺得沒那麼久。當下伍登回他說：

「你打球的樣子，你不是唯一未察覺你還在場上的人。」

馬奎斯和旁邊的人爆笑起來。

「也許你應該從出版『成功金字塔』改行寫些『瞬間回擊十邊形』，」我故意亂說。

「也許你今天應該請客。」

「看到沒，這正是我的意思。」

他斜眼看了我一下。我趕快拿起帳單。

一九九八年我開始當教練後，和伍登的友誼出現極為戲劇化的改變。在這之前，我們會

伍登教練和我在比賽誰穿有領的衣服比較好看。你來決定啦。
（照片提供：Deborah Morales）

我們也比賽看誰穿晚禮服較好看。顯然他的時髦背心較占優勢！
（照片來自 Nan Wooden 的私人收藏）

一起看電視上的棒球或籃球賽，去他家附近的餐廳吃飯，或打電話聊聊電影和電視節目。互動十分輕鬆但飽含溫情。這些年從他那裡學習的方式，大抵是他直接教導我或以他的行事風格為藍本，耳濡目染。

伍登教練腦袋裡裝滿了金句和格言——詩啦，名人金句等等，隨時用來說明滿足愉快生活的特質。最後他將教學心得精簡為容易使用的「成功金字塔」。限於篇幅，在此我無法詳細介紹金字塔的各個部分，但我一直很有意識地將各項元素應用到生活裡。金字塔的兩邊強調信念和耐心。關於信念，自改信伊斯蘭後，我一本初衷，但稍作改變，從剛開始跟隨正統但強烈的教義，轉向較為簡化、漸進和包容的版本。我獨自靜靜地鑽研，沒有改變原來生活模式，也做到將宗教信仰和社會文化分開，我不會使用宗教來書寫美國黑人的文化宣言。伊斯蘭是我精神上和道德上的指引，不是政治上的指引。

我之所以能對宗教保持一份輕鬆態度，部分來自觀察伍登看待基督教的態度。他很虔誠，每天讀《聖經》，固定上教堂，但他也實踐金字塔裡頭的一項教導，就是適應。他思索自己想成為怎樣的人，該具備哪些特質——可靠、正直及誠實等，順應自己的性格，盡力達到這些高標準，而不會擔心是否符合《聖經》的每一行字。這跟他帶球隊時的做法有點異曲同工：別太擔心戰術；先學好基本技巧，因應不同情況得到想要的結果——即贏球。我覺得那很合理，很快也採取同樣的做法：少計較字面的意思，多專注在字的真義；不追著憐憫心的規則跑，想展現憐憫心，坐言起行就是了。你實踐憐憫心，直到有需要時自然而然憐憫心就已湧現出來。這是宗教的爵士樂：每個人都在演奏同一調子，但加上改編、即興、協調等因素，直到我們一起奏出美妙樂音。

金字塔另一邊的主題是耐心，在這方面伍登可謂耐性十足。如有球員堅持嘗試一些新招數或新投球方式，但他不喜歡，他會據理力爭。但如該球員不被說服，伍登會讓他們試一試。結果通常證明教練是對的。耐心是個不會帶來怨恨和反感的好老師。在職籃期間，我發現保持耐心並不太困難，因為我很有信心（這是金字塔另一塊基石），而信心來自努力練習加上持續勝利，確定能夠達成目標。由於我沒太多失望的經驗，耐心的確來得蠻容易的。可是，一九九八年之前的五年，我的耐心遇到極大考驗。

一九八九年我從職籃退休，接下來幾年我遠離體育，讓內心稍微清理和沉澱。但一九九七年當母親過世後，我感到坐立不安，很想回到球場上，不是當球員而是當教練。她的離世留給我漂泊無依的感覺，我需要做點事，一些我可以做得很好的事情。我需要一個目標。

伍登第一個跟我提起當教練的想法：「我覺得你會是一個好教練。你一直是個領導者。」

我很有信心自己很快就會被某支球隊搶走。我退休時是職籃歷史上得分最多（三八三八七分）、打過場數最多（一五六〇場）、時間最長（一五八三七分鐘）、投球出手次數最多（二八三七〇次）、火鍋數最多（三一八九次）以及防守籃板數最多（九三九四），還有一大堆獎項，最佳這些或全明星那些等等。我懂得所有的籃球基本技巧，還明白怎樣贏球。排隊吧，各位老兄，我想像著，看誰能第一個爭取到卡里姆教練吧！

各家球隊都很客氣，但結果永遠一樣：沒有結果。

伍登教練親自聯絡ＵＣＬＡ校長查爾斯．楊格，討論聘請我為教練。楊格校長對這建議頗為贊成，但一切還未定案他就退休了，新校長興趣並不那麼濃厚。

「教練，找不到要我的球隊呢，」我有點絕望，打電話給他抱怨。

「他們有跟你說原因嗎？」伍登問。

「缺少教練經驗。好像打了三十年最高水準的籃球還不是經驗似的。」

「打球和當教練是兩回事，」他說：「你也很清楚。」

「我知道。但以我的經驗為基礎，我可以學得很……」我差點吐出一句髒話，趕緊吞回去：「……快的。」

「魔術強生和羅素當教練時也沒有當得很好。我蠻確定球隊負責人經常想起此事。」

「真希望我能給他們腦袋放些不同的東西，」我發牢騷。我的自卑自憐真是超出一般水平。

伍登對自卑自憐可不會包容。「我蠻確定，你被逮捕這事幫了倒忙。」

「一次逮捕。和一次罰款而已了。」當時我正開車前往醫院探望母親。她已病重，到了生命最後階段，醫生等我簽名准許他們停止維生系統。在我前方卻有車子擋路，我跟對方理論，對方對我比中指，最後我被逮捕了。是的，我當時的心情不太適合處理紛爭，表現也很混蛋。結果我被判去上憤怒管理課程。罰款則是因為我身上帶著一點點的大麻，那是用來舒緩從小就困擾我的偏頭痛。我付了五百元罰款。這些我都沒說，因為伍登不喜歡聽到藉口，好藉口也一樣不要聽。

「這樣吧，他們說你沒有經驗，」他說：「那就去找些經驗。」

「這正是重點呀，教練。我找不到教練工作因為我沒經驗，但我無法有經驗因為我找不到教練的工作。真是沒完沒了。」

「我沒說過這是件容易的事。」他聲音中不帶一絲同情，但我也沒心情聽大道理。

「這在你的金字塔上甚麼位置？」我不想無禮，但失敗了。

他接話卻接得天衣無縫：「衝勁。從最底數起第二排。」

我們的對話結束時不一定都其樂融融的，有時比較像指甲畫過黑板時發出的聲音。

但伍登是對的，我需要更主動、有衝勁，找些教練的經驗，任何地方，任何種類都好。

正當我仔細考慮可以嘗試的機會時，接到約翰．克拉克的電話。他是亞利桑那州白山的阿帕契堡白河第二十號聯合學區的主管。「你不會想當我們籃球隊的教練吧，會嗎？」克拉克說。

我忍住沒大聲尖叫「當然好啊！」而是淡淡地說：「會呀。」

其實這個電話也不算太突然，四年前我為了寫《水牛兵團》去過這地方找資料。水牛兵團是一個黑人騎兵部隊，美國南北戰爭後駐紮在西部，就在白河南方五哩之處。我研究西部歷史已很多年，蒐羅了很多西部文物，從武器到衣服到地毯都有。我對美國原住民頗有親近感，因為他們和非裔美國人遭受到差不多的欺侮。那一次我跟艾格．培里成為朋友，他是當地族人的顧問。我甚至應他之邀，在他家族一位年輕女孩的成年禮上跳舞。他知道我對他們族人有好感，也知道我在找尋教練工作，便建議阿次賽高中問問我是否願意當他們的教練。

我又跟伍登通電話了。

「我想你已經知道要做甚麼了。好像前不久聽過甚麼『打了三十年最高水準的籃球已經是足夠的經驗。』」他不會輕易放過我。

「我只需要稍微溫習一下，恢復一點記憶之類的。球要穿過籃框，是不是？」

他開懷大笑：「噢，卡里姆，你知道我會樂於幫你。」

而他真幫了個大忙。從如何操練到技巧訓練到教練哲學到球員性格，他為我細細說明。

「別忘記襪子，」他說：「不要長水皰。」

接下來的七年我和伍登的討論不斷，二〇〇二年我當上奧克拉荷馬暴風隊的教練，並贏得美國籃球聯盟的年度冠軍。接著我幫紐約尼克隊當球探，之後當湖人隊總教練菲爾．傑克森的特別助理，輔助湖人隊的中鋒，特別是一個年輕、剛出道的中鋒安德魯．拜納姆。

二〇〇五年，洛杉磯湖人隊在選秀會上挑選了十七歲的高中生拜納姆，是NBA史上被選中的最年輕球員。身高七呎的他有潛力主宰籃球場。但他的技巧仍然稚嫩，從跟高中生打球轉到跟經驗豐富的職業球員對抗，震撼十分之大。傑克森教練請我協助拜納姆度過這階段。我從伍登的基本精神開始教起：學好基本功夫，練好體能，要練到比其他人好，全神專注在達到巔峰表現而不是贏球上。開始時他頗聽得進去，表現進步很多。可是終於還是不耐煩起來，想自行決定一切，就像一般缺乏經驗的年輕人會有的典型反應。我想起自己在他這年紀時的傲慢，於是更用力助他學好基本技巧，只有這樣他才能繼續進步，更上層樓。某種程度上我是成功的。但二〇一二年，他終於被換到另一球隊了。

關乎教練的政治層面時，我更加依賴伍登的意見，因為我毫無經驗。

在奧克拉荷馬當教練時，有天深夜我打電話給他。那天過得特別辛苦。「抱歉，教練，你醒著嗎？」

「一隻眼睛醒著。」

我連珠炮般問了一堆問題，講了一堆我面對的問題，特別是球團老闆老要我讓他朋友的兒子上場，但他球技不是挺好。

「教練代表了球隊的形象，你要好好保護這個形象。讓他上場有助於維護這個形象嗎？」

「不會，但我終於找到這個總教練工作了，不想失去它。我知道這理由很自私，但我爬得很辛苦才爬到這裡來。」有一次我將老闆喜歡的球員換下來，就已經跟他激烈爭吵過。那傢伙平日練球沒人防守時三分球投得極好，可一旦在比賽中有人伸手擋在他面前，就幾乎一球不進了。這個理由不怎麼管用。

「我明白，卡里姆，我真的明白。讓他打個幾分鐘再把他換下來，沒人會怪你的。」

「沒人，除了其他隊友。」

他對此沒發表意見。他不用再多說了。

在我的教練生涯中，伍登教練和我從比較隨意的朋友關係升級到更為豐富、深刻的關係。他還在幫助我，但不再是作為我的老師，而是以同行的身分。我們像兩個一起打過仗的士兵。

當我坐在他的小窩時，也會感覺到其中的分別：從前，我覺得我在探訪朋友。現在，感覺比較像是回到家裡。

第六章

「時間使你的膝蓋彎曲」
在悲傷日子裡的友誼時刻

友誼是雙向的。幫你做了些好事的人不一定是朋友，只代表那是個好人。當你們互相幫忙，友誼就在其間。這有點像婚姻，是雙向的。

——約翰．伍登

伍登教練和我認識的四十多年間，我們分享生活；我跟他學會許多有用的東西，照亮了我的生命。可是，也有些體驗和感受是十分的黑暗或極之個人，並不是一兩金句就可以總結的。在那些時刻，我們沒興趣學習甚麼，而只想活下去。如果說，友情有助於撐過這些黑暗時刻，原因不見得是因為朋友的能言善道，講得出一堆人生大道理或生命智慧，而是因為這個朋友就在那裡支持你，提供安慰和力量。

哀傷是友誼的最大挑戰，在這方面伍登和我面對了甚多挑戰。

年紀漸長，死亡在你的生命故事裡扮演的角色分量越來越重。朋友和親人會死亡，你的健康開始惡化。漸漸地，每次照鏡子時都看到脆弱的你回望著自己。生命有限，死亡已不是那個在遙遠天際慢慢走動的旅客，而是一個討厭的跟蹤狂，如影隨形地，在你窗外的街角處徘徊不去。

伍登活了九十九歲，因此到他晚年，死亡已不甘於偷偷摸摸地跟蹤，而是大剌剌成為和他朝夕相處的伴侶。他從前的球員逝去，他的朋友逝去，同事逝去，他的摯愛妻子，奈麗，也逝去了。我比伍登教練年輕三十七歲，但在我們認識的日子裡，我也忍受了好幾回死亡極令人討厭的突襲：在我一間房子裡，好幾位朋友殘忍地被殺害；我的功夫老師兼好朋友李小龍英年早逝，享年只有三十二歲；我母親逝去；幾年後，父親也在受了多年失智之苦後離世。

「時間使你的膝蓋彎曲／時間也可以讓你心碎，」埃瑞克．克萊普頓如是凝視死亡，將之寫進〈天堂的眼淚〉一歌裡，送給他早逝的兒子。伍登教練和我的膝蓋既被彎曲，心也盡碎，然而死亡最糟糕的效應，是將倖存者孤立於生命之外。雖然親朋好友伸出援手試圖安慰我們，但我們總是傾向退縮到自己的硬殼裡，跟自己黑暗、沉重的哀傷搏鬥，直到能夠將之打敗。我們身上永遠帶著那道搏鬥後留下的醜陋疤痕，但至少能夠重新加入社群，開啟療傷之旅。

伍登和我盡力互相協助，度過這些改變人生的死亡事件，走到對方的哀傷山洞裡，在不見天日的漆黑中握緊對方的手，帶領他回到地面，重見光明。當然，多年以後，等我們能比較客觀地審視這些痛苦時，也可談論其中的人生道理。可在當時，唯一最重要的只是陪伴在對方身旁，有一隻可以握緊的手，可以跟隨的腳步，走出黑暗。

一九七三年我二十三歲，連續兩個悲劇的發生，力道之大，我以為自己永遠無法復原過來了。諷刺的是，第一個悲劇發生於華盛頓特區一間屬於我的房子裡。當時我已結婚，小孩剛出生不久，我正沉醉於研究伊斯蘭教義，我的精神導師卡利斯教導我如何當個穆斯林。

我對他的仰慕和尊敬一如我對伍登教練的感覺。但是，伍登鼓勵或至少容忍他的隊員表達心聲，卡利斯教導伊斯蘭時則是個僵硬、不知變通的暴君。我是十分虔誠的，加上好奇心的驅使，因此也會研究其他老師和他們的文獻，暑假時甚至在哈佛大學選修阿拉伯文，結果發現很多學有專精的教士和卡利斯的說法相衝突。換作是伍登，就算那不是他的信仰，一定還是會興高采烈地探究其中的差別。但卡利斯卻對我的課外活動十分生氣甚至暴怒。「如果你不想跟隨我教你的方式，」他警告我：「你可以離開我，想怎樣就怎樣。」

「但——」我抗議。

他臉容陰沉、語帶威嚇，把我打斷。「如果你不相信我們是正確的，我們立刻離開你的家。」

接下來好多天，我為了該怎麼辦煩惱不堪。我沒有足夠自信跟我的精神導師正面對抗，這有點像一個牧師跟教宗說自己聽不懂他在說甚麼。最後我選擇將房子交出，讓卡利斯和他的跟隨者住在那裡。

幾個月後，即一九七三年一月十八日，我回到密爾瓦基公鹿隊參加集訓。有一天我在家裡接到球團辦公室祕書打來的電話跟我說，我在華盛頓特區的家發生了十分恐怖的事情，全球媒體打來詢問詳情的電話，有如洪水。很快我就發現，卡利斯曾經寫信給「黑人穆斯林」教派的以利亞·穆罕默德，稱他為假先知，結果引起報復，八、九個武裝大漢攻進房子裡。

當時卡利斯不在家，但他們還是殺了七個人，包括卡利斯的三個兒子，其中一個只有十歲。他們也對卡利斯的妻子和女兒開槍，不過兩人存活下來。他們最終極的獸行，是將三個小嬰兒按在浴缸和臉盆裡淹死。

第二天早上警察前來我家，二十四小時保護我們，以防黑人穆斯林進一步的報復。我十分擔心妻子哈碧芭和小孩的安全，因此很感激警察主動出現。我回去華盛頓特區參加喪禮，並且是其中一位扶靈者。自我離開UCLA和伍登教練後，卡利斯就是我尋求精神慰藉和支持的支柱，可是現在他太憤怒和悲傷，根本不願意接受我伸出的友誼之手或協助。相反地，他躲在屋子裡，找了大堆武裝衛兵把自己團團保護住。

隨後幾個月，只要走到黑人穆斯林教徒較多的城市，我都會找警察陪伴。長時間擔心家人的安全、活在恐懼中使我疑神疑鬼，所有不是絕對必要接觸的人事物我都完全切斷。某種程度上，雖然極不願意承認，但其實我跟卡利斯沒什麼兩樣。

伍登教練試了好幾次聯絡我，但我沒回應他。外面的世界對我是個巨大威脅，沒人能明白我們所經歷的一切，包括伍登在內，這個老白男，他連髒話都不說的，頂多說句「我的老天爺。」我再也不在乎他的成功金字塔，或格言或關於生死、上帝的計畫等等的文學金句。我不需要也不想要那些東西，我只想聽到他的聲音，聽到他的善良和溫暖，這樣我才能相信在這個扭曲糟糕透的世界裡還有溫情，而不止是為了宗教歧見就把小孩子淹死。

但我就是做不到，無法強迫自己跟他接觸或聽他的聲音。也許因為我知道從他那裡得到的任何希望都只是謊言。當然了，他相信人性本善，就像那次我們從球棒架餐廳開車回家時他跟我說的（當時碰到一個隨口稱我為「黑鬼」的老婦人）。他自己想戴著有色眼鏡看世界，隨他去吧。但我的眼鏡是血紅色的，我看見的人就是他們的真模實樣。

為了重新找回信仰，我決定離開美國到中東旅行，繼續鑽研伊斯蘭教義。我探訪了敘利亞、沙烏地阿拉伯、伊朗、泰國和馬來西亞，讓自己完全沉浸在穆斯林文化中，甚至儘量用我的破阿拉伯文跟當地人溝通。我慢慢地、謹慎地重拾信仰。終於我歸心似箭，很想跟家人分享我新領悟到的一切。

回家途中，我決定到香港探訪我的功夫老師兼好朋友李小龍。認識他時我還在UCLA當學生，他充滿活力的教學方式以及驚人的高超技巧，令我深深著迷。我們開始是師徒關係，但很快成為朋友。事實上他只比我大七歲，而不是如伍登般比我大上三十七歲。李小龍還請我在他的電影《死亡遊戲》中演一個壞蛋角色。經過了這麼多是是非非和生生死死，我實在很高興再見到老朋友，重溫友情，了解雙方的近況。但七月二十日當我飛到新加坡，準備轉機到香港時，突然聽到消息，李小龍過世了。

原先期望的風光返抵美國並沒發生，連串的悲劇使我和我妻子身心俱疲，我們變得退縮，極少離開家門，大部分時間只在研讀《古蘭經》或聽音樂。卡利斯是幫我們牽紅線的人，而某種意義上，他也是令到我們分開的人。回家五個月後，我們決定離婚。

我考慮過打電話給伍登，告訴他發生的一切，可是一部分的我十分尷尬，覺得當初我離開UCLA時，在職籃的前途一邊光明，將會成為他以我為傲的巨大英雄；我選擇了伊斯蘭教，為黑人社團發聲，採取我引以為傲的政治立場。可是現在，我感覺自己在性靈方面好像是失敗的，簡直是從天堂掉到地獄。

另一部分的我就是不想再面對另一個老師，就算是以前的老師也一樣。我一個老師差點被殺，另一個已離世。為了伍登的健康和安全著想，他最好離我遠一點。

回顧這段時期，我頗後悔沒跟伍登聯絡。他的平靜氣質對我的精神肯定有止痛療傷之效。坐在他的小窩裡，你都可以感覺到煩憂慢慢從你體內滲出，碰到沙發的布面，融化消失不見。但我那時太年輕、太高傲，沒去找他求救。

再次面對死亡，是十二年後——即一九八五年——的事。伍登教練和他的妻子奈麗的愛情故事，簡直可以拍成像多年後《手札情緣》那樣的電影，讓世世代代的觀眾哭泣動容；扮演他們的年輕演員立刻會成為大明星。但無論他們會不會為此得獎，觀眾將會記得他們演的約翰和奈麗·伍登。認識他倆的都知道，他們的愛情如夢似幻。

他們在高中時認識，當時伍登十四歲。而為了能多點看到英俊的籃球球星，奈麗說服學校樂隊讓她加入，聲稱她懂得吹奏小號。於是她跟樂隊一起表演，雙頰鼓起，假裝在吹奏小號，眼睛卻定在英俊健壯的球星身上。從那時到離世，他們再也不可分開，很年輕便結婚，生了兩個小孩：南西·安妮以及詹姆斯·修。奈麗的籃球技巧也不差，曾經在一個競賽中連進十個罰球。

伍登的隊員全都認識且十分尊敬奈麗。她永遠陪伴著伍登，和他一起旅行，無論坐巴士、飛機，或當他退休後到UCLA看球賽時，她都坐在他身旁。他們形影不離，認定對方，他們堅貞的愛情，把拜倫、濟慈和雪萊的浪漫詩篇都比下去。每場球賽教練手裡總是握著一個銀色十字架，奈麗也同時握著同式樣的一個十字架。這是他們保持心意相通的眾多方法之一。我們也知道，平日練球程序和時間控制得如此嚴謹的原因，正是由於伍登希望能趕快回到奈麗身邊。

一九六〇年代是性革命的年代。對身處於這個年代的年輕、傲慢球員來說，老派的婚姻和羅曼蒂克不夠時髦也不夠酷，他們覺得伍登夫婦的關係雖然可愛但有點肉麻，不是他們追求的方式，頂多是庸俗賀卡的題材吧。幾年後，我們大部分人卻慢慢醒悟，我們不知不覺地以他們的婚姻為藍本，來尋求自己的終身伴侶。而雖然我在這方面一直跌跌撞撞，沒找到如同伍登和奈麗般親密又全心投入的伴侶，起碼當我遇到不像他們那樣的對象時能夠分辨出來。然後繼續尋找。

奈麗的重度煙癮使她身體虛弱多病。一九八二年，骨頭退化迫使她同時置換了兩邊的髖關節。手術過程中她心臟病發作，手術完成後再發作了一次，讓她陷入昏迷，長達九十三天，後來她的身體一直無法完全康復。雖然她可以回到球場陪伴伍登以及公開演講，三年後她還是與世長辭。當時他們的婚姻已長達五十三年。

伍登教練不是喜歡自傷自憐的人。可現在他苦苦掙扎著，想找回人生的平衡點和使命感。五十三年來的生活習慣完全被打破了，他只好嘗試用其他的事物來替代，一些能讓他緬懷奈麗的事物。他寫詩給她；每月的二十一日，她過世的日子，伍登會寫封信給她，睡前放在她的枕頭上，第二天將信收藏在一個信封內，跟其他寫給她的信放一起。他也將她的睡衣放在床上，靠在他身旁。此外，他不斷播放米爾斯兄弟的唱片，因為當年婚禮結束後兩人曾去聽他們的表演。

我打電話到他家，但他沒接。問他女兒南恩，她告訴我他現在很少拿起電話，特別是來自會令他想起奈麗的人。南恩很擔心他，從未見過他如此消沉和憂鬱，甚至連信仰都崩潰了。其實奈麗比伍登虔誠，伍登家裡跟宗教相關的手工物品都是她買的。他對上帝的愛似乎和他對奈麗的愛密切相關。缺少了一種愛，另一種便也立刻變得空洞無意義。

掛上電話，我全身顫抖。我認真考慮開車過去，在他家門口紮營，直到他讓我進去，但就這樣闖進他的悲傷之中好像更糟糕。坦白說我也不覺得自己有能力幫他忙。他是這樣地悲傷，我能做甚麼、幫甚麼呢？假如我做錯或說錯甚麼呢？我還記得在華盛頓特區的謀殺案發生後，自己是如何的退縮消沉。我把自己封閉在厚繭內，想辦法康復。也許伍登也是這樣。

那時候，我的生活正處於極為混亂的狀態，對自己極沒信心，不曉得會不會為他帶來更多的焦慮。不久前，一場大火把我家銷毀了，我擁有的一切全灰飛煙滅，我的女朋友雪柔和兒子阿摩也差點死掉。《洛杉磯時報》形容這場意外為「洛杉磯史上單一家庭或房子損失最重大的意外事件。」我所有的家庭照片、體育獎項、波斯地毯收藏品、珍藏的爵士樂唱片通通付之一炬。我另有一間房子，父母剛搬來跟我一起住。此外，我在湖人的球季正打了一半，經常要在客場出賽，不在洛杉磯。

幾個月後，我終於在一次UCLA球員聚會中跟伍登說上了話。他和我悄悄走到一個角落談話。「教練，真的很替你難過，」我告訴他，但也知道這些話語有多空洞無力。

「謝謝你，卡里姆。」他虛弱地笑了笑。

我沒說話，只是看著他，嘗試估量他的狀況。

「我沒事，」他說，已經逐漸習慣別人嚴肅的關懷模樣：「真的，我沒事。」

「奈麗是個很好的人，」我說。

「是，她是。」

寒暄話說完了，我不知該說甚麼。對一個失去妻子兼最好朋友兼伴侶的男人，你還能說甚麼呢？難道我略過這一切，開始談這個籃球季的事情？一直問他過得如何，刺激他的情緒嗎？

「家人最近怎樣？」他問：「我會看得到阿摩在UCLA打球嗎？」

真是典型的伍登作風，自己忍受著痛苦還問別人好不好。

我聳聳肩。「他只六歲大，但已有很多自己的想法了。現在他計畫成為第一個上太空的黑人，明天也許就想當印地安那瓊斯，到印加廟宇奪寶去了。」

「小孩子就該這樣。」

我努力思索，接下來能說甚麼。眼前這個人，我可以坦率自由地跟他聊天，連跟我父親都做不到這樣呢。在他家小窩裡那麼多個下午輕鬆地談天說地，現在卻有口難言，像個笨蛋。

「知道嗎，卡里姆，」他又開始說話，消解我們之間的尷尬：「我在海軍時，就在我理應被送上戰艦去太平洋參戰的前夕，我得了闌尾炎。」

「我知道，」我打斷他：「你的大學友人替代了你，戰艦被日本神風突擊隊的飛機撞擊，他被殺了。」突然覺得自己很笨，我不該打斷他講話的。為甚麼我會這麼煩躁和緊張兮兮的？這是關心他抑或因為罪惡感？

「我經常會想起那一天，」他繼續說。

「你意思是為甚麼是他不是你？上帝對你另有任務安排？」

他笑。「不，不。想那些東西會瘋掉。我想的是那個飛行員，那位日本先生為了自己的想法，是那麼的全心奉獻，願意犧牲自己的性命。讓人不由得欣賞那種忠心、那種使命感。」

「呃嗯，」我發出聲音，一邊思考：他想說甚麼呀？

「跟奈麗在一起時，我就有那種使命感。我很清楚我能為她做甚麼，那就是當她的丈夫。她過世時，那個使命感隨著她一起逝去了。」

「教練，我……」一個個字像播放著一張刮壞了的唱片。

他擺擺手。「你聽過我開始講一個故事但沒有結尾或重點的嗎？」

我笑。「有呀，事實上，很多次呢。」

「嗯，這次不會。我想跟你說我又找到使命感了。其實，不算是找到，比較像是記起來。」他仰起頭對著我笑，七十六歲的老臉容光煥發。「當然是我的兒女啦，現在還有我的曾孫女兒。」他的第一個曾孫女克蕾．妮克森，在奈麗過世幾個月後出生。南恩告訴過我，小女孩的出生，是唯一能將他從低落情緒中拉拔起來的事情。

「路易斯，你和我已受盡折磨，」他說：「但是我們仍然昂首屹立。這才是最重要的。仍然昂首屹立，協助別人昂首屹立。」他低頭沉思，好像在想像小女孩首次學會站立時的模樣。

我跑去參加這次聚會，滿心想著希望終於能協助伍登教練重新振作。不知道我有否做到了甚麼，或說了甚麼有幫助的東西，可是我離開時，卻感覺輕鬆不少，比較快樂，開車回家路上想：不知怎地他反而治好了我的罪惡感，協助我昂首屹立。

那天過後，我刻意較頻密地打電話給他及探訪他。這是為了他好還是為了我自己好呢，我也不清楚了，我只知道我們似乎感覺都比較好。我們通常在VIP's餐廳進餐，VIP's位於塔山那，離伍登的住處大概一哩之遙。他每天都在那裡吃早餐，為奈麗哀悼期間仍然保持這個習慣。他永遠點二號特餐，VIP's的老闆露西和丈夫保羅三不五時就會走過來，確保伍登對一切滿意，而他總是滿意。

這個早晨伍登特別高興，因為經由他大力推動，NCAA終於在一九八五至八六年球季開始使用四十五秒的進攻時間限制，現在球季結束，進攻時間限制證明是一項十分成功的措施。

「知不知道，一九七一年對維拉諾瓦那場比賽，我曾叫我的球員拖時間，」他說：「我想證明，容許球員拖時間是一項多愚蠢的政策。一定發揮作用了，因為十五年後我們採用了進攻時間限制。」他自己講笑話自己笑。

「你不會以為我真的相信，你為了證明這個論點會叫隊友拖慢比賽，會嗎，教練？你不做任何對贏球沒幫助的事。」

他頑皮地笑了笑，吃了一口雞蛋：「你太了解我了。」

「我倒不是那麼確定，教練，」我說。

「以後再說吧，」他說：「這樣我們才會想再見面。」

他說對了，我的確蠻期待跟他一起進餐、打電話給他，或去他家聊天。每次離開時覺得更了解他，但同時知道仍有很多是我不知道的。這有點像閱讀一本精采的小說，同時知道後面還有好幾本續集。我們的友情是個永不結束的故事。

重點在於「延續性」。我喜愛籃球的原因之一，是打球生活中帶有的延續性。不單是球、淋浴、吃飯等部分，還有每天在相同的情境看到相同的一群人，分享經驗；大家花很多時間分享快樂、沮喪和希望。無論你生命中發生甚麼事，明天還可以看到他們。看到伍登教練就給我那樣的感覺。

母親開始生病時，我感覺自己再度變得退縮。表面上我依舊冷靜有決斷力，一如公眾的預期，可是我內心的世界十分脆弱和滑溜，站都站不穩。

接到電話時，我和兒子卡里姆正在印地安那波里斯看一場NCAA球賽。我母親剛被送進醫院了。當下我們立即訂機票回家。正手忙腳亂間，我又接到電話，告訴我她情況尚可，但為了小心起見，他們將她留院觀察一晚。等我們抵達洛杉磯機場時，我媽卻已陷入昏迷了。我努力控制自己不要慌張，想起奈麗亦曾經昏迷了九十三天，後來也醒過來正常地生活。

再過一星期，就是我的五十歲生日了，幾個月來，身邊的親友花了很多心思為我計畫一場盛大生日派對。現在我想把它取消，但父親和朋友都勸我不要取消。「如果取消你媽媽會很失望，」父親說：「你知道她會怪自己。」我想她的確會，最後同意派對如期舉行。派對場面豪華氣派，在一家名叫喬治亞的餐廳舉行，我的朋友兼老隊友諾姆．尼克遜是老闆之一。我幾個孩子都來了，過去多年認識的朋友——有些已多年未見——也出席了這場聚會，甚至前女友也跑來了，包括影星帕姆．格里爾。一個名為「雷布朗三人組」的爵士樂隊現場演奏。這本應是一生難忘的聚會，但我能想到的只是母親躺在醫院裡，我父親坐在病床邊。

兩星期後她過世了，他們結婚五十三年，跟伍登夫婦一樣。在她的喪禮上，我試著跟大家說一下她對我的意義，但我只一直哭，甚麼都說不出來。

伍登打電話給我，表示哀悼。「卡里姆，我很難過。我知道你有多愛她。」

「我是。」我故意短話短說，因為不想嚎啕大哭起來。

「她是個令人印象深刻的女性，平易近人。」

「謝謝。」

靜默。

「千萬不要懷疑，她絕對以你為傲，對你的成長很滿意。而且不只是作為籃球員而已，還有你的小孩，你成為一個好父親等等。」

「謝謝你，教練。」

靜默。

「希望你不是在等我擠出個人生勵志故事或詩，讓一切變美好。因為沒有這樣的故事或詩。你只能一天一天地過。」

像戒酒協會說的話，我這樣想，內心苦澀。我的確想他說些甚麼好讓痛苦減輕，但我知道沒什麼他或任何人能說的。空話是沒用的。朋友是沒用的。上帝是沒用的。

「疑惑為甚麼上帝會這麼殘忍，是否錯的？」

「是的話，奈麗過世後我花了很多時間做錯事。」

我長長吐出一口氣，感覺內心困在鐵籠裡的罪犯被釋放出來了。我沒有真的失去信仰，但我對之質疑。悲傷和罪惡纏繞著我的心，像條大蟒蛇。

「我們不完美，路易斯。追求完美甚至不應該成為我們的目標，那不務實也不健康。你只需好好對待其他人和好好對待自己，目前這樣就夠了。」他聲音裡的悲哀和我的悲哀起共鳴，這個連結在那一刻讓我覺得，跟他比和任何人都要親近，多日以來第一次呼吸順暢。不過，這感覺一下就過去，悲傷又如洪水般湧回來。但至少曾經有過如釋重負的剎那。下次感覺再來的時候，停留的時間可能更久。

母親逝世一年後，我警覺到父親慢慢墮入一個黑暗深淵。其實在我母親過世之前早已開始，但她一直瞞著我。要是他忘了甚麼，她會開個玩笑來化解尷尬，說他年紀大了之類的，而他也會自我解嘲。但現在他跟我住，明顯看到從前沒注意的徵象：他的善忘、偶爾搞不清楚狀況等等。有時我拿他年輕時身穿帥勁警察制服的照片給他看，他連照片的拍攝日期都記得；可是接著我拿母親的照片給他看，他卻問她在哪裡。「她甚麼時候回家？」他會問：「時候不早了。」時代越久遠的東西他記得越清晰，直到記憶庫中只剩下高中時期的事情，其餘的差不多都忘了。他的心靈完全回到較為快樂的時光去。對他而言，我是個站在遙遠岸邊的人，向漂浮海上的他拚命揮手。

我在亞利桑那阿帕契保留區帶籃球隊時，管家芝恩．赫伯特費盡心力幫我盯著老爸，但有時他還是成功偷溜到屋外，獨自去散步，然後就迷路了。幸好鄰居總會將他帶回來。

辛苦掙扎了十八個月後，我決定將他送去提供健康照護的生活輔助型社區，我可以有規律地探望他，也可以隨時帶他回家。可是不久後我轉到奧克拉荷馬當教練，經常出差的結果，是見他的次數減少，以致他退化得更快了。伍登教練跑去探訪他，但沒告訴我。我知道後打電話給他致謝。

「很感謝你去看他，教練。你不用那麼辛勞的。」

「我們談得很愉快。我告訴他你以前有多令人頭痛。」

「只有以前？」

「我都講好話呀。」

「你們談些甚麼？」

「老人家的話題。跟你這些年輕人無關的。」我五十三歲了。教練九十，比我父親大九歲。真好奇探望比他年輕快十歲但日漸失憶的人，伍登到底感覺如何？會害怕嗎？我就害怕極了。現在看到的是否無可避免地遺傳給我，成為我的未來？

我跟住在紐約市的阿姨和她小孩討論老爸的問題，他們提議將他轉到離他們家只有二十分鐘車程的生活輔助型社區，這個社區的經營者和他目前住的社區是同一家公司，連建築物的樣子都很像。他會住在自己的房間，而他們每星期可以去探望他兩三趟，周末時甚至可以帶他回他們家。我同意了，於是將他送到布魯克林。

一年不到，他已認不得我。他飄離岸邊太遠了，看不到我在那裡揮手，也聽不到我叫他名字。三不五時我會打電話給伍登，討論我在經歷的一切。「好像他的身體還在這裡，但他的心靈已在另一些地方，」我說。伍登只能以聲音予我安慰，因為事實上我們也無法幫助父親。

我的阿姨於二〇〇五年十二月二日離世。一星期後，我父親也逝去。我整個人亂七八糟，無法安排喪禮或打電話給該知道消息的人。令我感激萬分的是，我的經理黛博拉協助處理一切。原本讓我仍然停泊在岸邊的繩子全斷掉了，我漂浮到大海上，波濤洶湧，冷冽無情。

伍登立刻打電話來：「你還好吧？」

「不怎麼好，」我說。到這時候，我已不覺得需要擺出一副勇敢男子漢的樣子。做自己就好了，我可以有缺點、害怕和悲傷。

「奈麗過世後，我跟自己說，如果有一天我到了天堂，我要問問上帝：為甚麼需要把這麼多悲傷加在世人身上。」

「希望到時你能有方法讓我曉得答案。」

「嘿，你在假定我比你早去到那裡。不要低估我。」

我虛弱地笑：「我不會。」

靜默了頗長一段時間，但不會尷尬，而是充滿了哲思。兩個互相信任的朋友，不覺得老需要將空間填滿。

「你記得我沒被送到太平洋參戰的故事，對不？」

感覺已是我自己經歷的事。「記得。闌尾炎等等等等。」

「對。但我應該沒告訴過你那次我去北卡參加教練營的事。我臨時有事，被迫延後出發，改搭第二天的飛機。嗯，原先我應該坐上的班機出了意外，無人生還。」

我震驚極了。這個伍登洋蔥剝開，下面永遠還有我未見過的一層。「你很幸運。」

「是，我很幸運，騙了死神兩次。我想說的重點是，要是我問上帝為甚麼會容許出現那麼多的悲傷，我猜我也得謝謝祂讓我多活了那麼多年，可以和奈麗享受這一段時光。也許好與壞抵銷掉了。」

「不是每個人都這樣，不是的，」我說。

「你說得很對，不是每個人都這樣。我想這又是另一個我或你需要問問上帝的問題。」

「我或你，嚇，我喜歡你的樂觀。」

「是呀，嗯，」他慢慢地說：「有時候，就只剩下樂觀了，否則難道生命只是適者生存，直到老死麼？應該還有些甚麼其他的吧？」他停頓了一下：「比方說，檸檬派。」

許多天來，我第一次開懷大笑。

不知道該說是毛骨悚然還是鼓舞人心，但伍登很喜歡的一首詩是湯瑪斯・葛蕾的〈在鄉下教堂墓地寫下的輓歌〉，是一首關於死亡的詩。我不只一次在不同場合聽他唸過這首詩。詩中提到「悲鳴的貓頭鷹」。有次比賽時我眼角膜被對手抓傷，之後開始戴上護目鏡打球。「你像隻悲鳴的貓頭鷹，」他邊笑邊說。從此每當他唸到那一行他就轉向我傻笑。

在這首詩裡，傍晚時分作者走過一處教堂墓地。隨著夜色漸濃，詩人的思緒也暗黑起來，思索死亡的意義和它帶來的羞辱。他好奇想知道的，是默默無聞、長眠墓地裡的眾生，而不是有幸還在教堂內的民眾。詩的末尾是一個墓誌銘，也許是詩人的夫子自道：

他平生慷慨，靈魂真摯，
天堂予以補償，一如他的付出：
面對苦難他盡傾所有，一滴眼淚
從天堂得回（如他所求的）一個
朋友。

伍登教練提供他的「英文老師版」分析：「那個人出身平凡，但由於為人真摯，天堂獎賞他，而雖然他經歷了生命帶來的許多苦難，天堂的獎賞是一位朋友。」

此時他眼睛會盯著每個觀眾，確保大家明白他所說的。

這是我所明白的版本：伍登有很多、很多朋友，他平生慷慨。當他唸出這些詩句時，他說的可能是上百人中的任何一位。但他的偉大之處是，無論他的聽眾是誰，就算是一大群人，他讓每個人覺得，他是直接跟你對話。

我知道我就是這樣。

我們一起走過輝煌的日子。我們的勝利、榮譽。那很輕鬆容易。但我們也一起度過了那麼多的心痛時刻，忍受了許多悲哀，在傷痛之河涉水前行，互相扶持，對方倒下時把他帶到安全地點。那是友誼的真正考驗，而天堂同時給了我們兩人獎賞。

第七章　長日將盡，旅途漸漸走進黑夜

勇於奮鬥的球員永遠不會輸掉比賽，
不過是時間用完而已。

——約翰．伍登

人生的一大諷刺是：再偉大要好的友情，最後還是在死亡當中畫上句點；這真教人憂鬱。那些越來越親近、忠於對方的朋友共同面對的未來，是知道無可避免地，其中一人終將萬般不捨地離去，留下另一人獨自哀悼。

我和伍登教練友誼的最後歲月裡，這些想法常常縈繞心頭，揮之不去。隨著他邁過九十大關，往一百歲衝刺，每個人都看得出來他日漸衰弱。他的身體彷似縮過水的衣服般緊包著骨頭。他較常坐輪椅，也更容易疲累。大部分時間他頭腦還很清晰靈光，但也有些徵兆顯示他在努力掙扎。

每個人都為他擔心，但教練可一點都不感激。他不耐煩地跟我們每個人引述林肯的話：「你為心愛的人所做的最差勁的事，就是替他們做了所有他們可以、也應該自己動手做的事情。」問題是，他不是永遠弄得清楚他可以——或應該——做的事情。

比如說，開車。

二〇〇五年他九十五歲，有次我們在VIP's吃早餐時他抱怨說，家裡人密謀不讓他開車。「我的小孩不想讓我開車，」他說。

實在不想讓他更難過了，所以沒告訴他其實我也站在他們那邊，不希望他開車。我試著用點外交辭令。「為甚麼要自己開呢？可以坐在車後面讀點詩不是很好嗎？想像可以多背多少首詩呀。不是要批評你，但你真的需要多找些新材料了。」

他搖搖頭，皺著眉。「我不是小孩子，卡里姆。」

很明顯，我笨拙的手法立刻被看破。「記不記得你經常引用的吉卜林的詩？」

「〈如果〉，」他說。

「是呀，〈如果〉。記得有幾句好像是說別人懷疑你時要對自己有信心，但也許有時也該聽聽他們的。」

他扮了個鬼臉，活像我剛用破鑼嗓子唱了他最喜愛的歌，把歌毀了。「『如果眾人質疑你時仍能信任自己，／但為他們的質疑留點餘地。』」

「對。就是那句。重點是，也許你應該給他們對你開車的質疑留點餘地。」

他一邊思索我那句話，一邊咀嚼他的吐司。

「結果你可以讓他們高興點又不那麼緊張。這好像是你會為了他們而做的事呢。」

他咀嚼，吞了進去，又咬了一口，不講話。終於講話時，他說：「記不記得九三年我們幫銳跑做的電視廣告？我們跟俠客、華頓，呃……」他遲疑著，搜尋那些名字。

「羅素、瑞德、張伯倫。」我立刻補充，有點擔心他像我父親的健忘，一走下去就是不歸路。「你走進房間，看到我們站在那裡，然後說：『有給我準備條梯子嗎？』」

他整張臉亮起來，似乎所有的回憶一下子湧回眼前來。「那個廣告的概念，是引介俠客進入偉大籃球員的祕密俱樂部。記不記得你們每個人跟他說甚麼？」

麥克・華倫、我及比爾・華頓在安迪・希爾家裡參加慶祝教練九十七歲大壽的派對。
（照片提供：Alexandra Berman）

我不記得。

「你們每人唸一句吉卜林的〈如果〉，湊到他耳邊唸給他聽。你的句子是『如果你能跟群眾講話而保有你的美德。』不記得了嗎？」

還是不記得呢。他忘記了那些人名，可是十二年後還記得我的廣告台詞。我鬆了一口氣，笑了起來：「我表現好嗎？」

他聳聳肩。「比不上羅傑・梅鐸啦。」（譯註：羅傑・梅鐸是賈霸在搞笑電影《空前絕後滿天飛》裡演的角色）

回家後我才意識到，他引開了我的注意力，我們沒繼續那個開車的話題。後來他一直開車開到九十八歲。

華頓加入ＵＣＬＡ籃球隊的時間在我之後，從一九七一到七四年，他差不多每天都打電話給伍登問好，其他舊隊友也有規律地跟教練保持聯繫。我很高興有這樣一個網絡幫忙看顧著他。我知道從前教練團隊中的史帝夫・艾利克森每個星期會去看伍登幾次，其他的ＵＣＬＡ教職員也加入這個伍登支援系統。體能訓練員東尼・史賓努曾短暫在密爾瓦基公鹿隊工作，後來和伍登成為好朋友，因此我們不缺志工，太多人的生命曾受到伍登的影響或感召了，都很希望能有機會回報他。我就很高興有機會成為其中一個志工。

二〇〇六年伍登九十五歲時，我們的守望差一點被迫結束。當時我在印地安那波里斯出席觀看NCAA決賽，和華頓以及我的經理黛博拉正走到RCA球館，突然黛博拉的手機響起來。她接了電話，臉孔立轉灰白，把電話塞給我說：「南恩。」南恩告訴我，伍登進了醫院，但他們不知道他的情況有多嚴重。我很震驚。八年前我同樣站在這個球館內，兒子卡里姆在身旁，突然接到電話說母親進了醫院，最終沒機會見她最後一面。我不能讓同樣事情再次發生。我告訴南恩，華頓和我會搭下一班飛機回洛杉磯。南恩反對，告訴我應該先完成此行任務再回家，教練還沒陷入立即的危險。我同意了。

我站上講台，拿出為講演準備好的材料，卻忍不住講起伍登教練來，我告訴聽眾多年來他教我的一切，以及當時我是多麼不懂事，直到離開以後才明瞭，原來從他那裡學到了那麼多！接著連我自己都很意外，我哽咽起來。我努力忍住眼淚，以教練希望我會採用的方式，勇敢面對。但我做不到，開始哭了。

之後，黛博拉極為震驚。「我從未見過你這樣激動，」她說。

「你不明白，」我跟她說：「這是我父親。」

我坐上下一班飛機。我們直接趕去醫院。

「他怎樣了？」我問南恩。

「他在休息，」南恩說。

「我需要見見他，南恩。」我儘量語氣平靜，不想暴露已然亂糟糟的內心。

「卡里姆，他們將他隔離了，」她回答：「只准許親屬進內。」

「我真的很需要見見他，」我哀求：「可以嗎，南恩？」

她和她弟弟詹姆斯對看一眼，然後點頭。

「OK，」詹姆斯說：「跟我來。」

進到病房裡看到教練，他似乎疲憊不堪，無法講話。他往上看，眼睛努力聚焦。我輕輕握住他的手，眼淚不由自主沿著臉頰流下來。教練嘴巴動了動，好像想講些甚麼，但講不出來。

南恩開始小小聲哭泣。「我在外面等你，」她說：「讓你們單獨聊聊。」

「不，請不要，」我告訴她：「我希望你聽到我要說的。」我希望她清楚知道，她和教練同樣等同我的家人。我希望假若他聽不到我這次說的話、或我再沒機會見到他，她能夠把我的話重複一遍給他聽。

我拉了張椅子坐在他旁邊，一直握著他的手，但很小心沒太用力。深吸一口氣後，我注視著他的雙眼，平生極少像這樣發自內心地說話：「教練，自從我父親過世後，你就是我唯一的父親了，我需要讓你知道，我是多麼的愛你。」

他虛弱地微笑，但確實在微笑。

後來我回到醫院探望他好幾次，他身體慢慢強壯起來。當他終於出院回家時，我鬆了一口氣，也跟自己說：從此我再也不要將他的存在視為理所當然。

原先我們希望，他的健康驚魂記會讓他放慢步調，但相反地，伍登似乎更堅決要依照吉卜林的建議，在「每一分鐘都跑六十秒的距離。」他繼續接見如潮水的眾多訪客。過去幾十年，到他家小客廳探訪過的名人可真不少，包括麥可．傑克森、詹姆斯．史都華、約翰．偉恩和馬修．麥康納等影視巨星，更不用說數以十計的體育巨星，很多位是他以前帶過的球員。有一天柯林頓總統打電話問他想不想一起吃頓午餐，教練查了查行事曆，發現他已跟一家中西部小學院的女籃隊約好，史賓努在旁提醒他：「這可是美國總統呢，我們可以跟女籃隊另約時間。」

伍登搖頭：「我不更改已定好的約會。」他知道這次會面對那群年輕女孩有多重要，不想讓她們失望。二〇〇八年奧巴馬爭取民主黨總統提名時打電話給他，希望在印地安那州初選中得到他的支持。「我不能公開替你背書，因為我已經很多年沒住在那裡了，」教練回答他：「但可能的話，我會投票給你！」後來他說到做到。

雖然一長串的政壇人士曾經對伍登教練奉承示好，他和我卻極少談及政治，只告訴過我他是民主黨的正式註冊黨員，但也投過票給共和黨的總統候選人，包括尼克森和雷根。他很清楚我是個自由派社運參與者，公開支持有色人種、女性、LGBT社群、穆斯林和移民爭取應有權利。我對政治的熱忱、還有渴望改變周遭社會不公的態度，跟他在政治上的雲淡風輕簡直不成比例。但我也從同樣是積極的社運分子華頓那裡聽說過，他跟伍登曾因政治爭吵不休。我當然不想跟他弄得關係緊張，特別是到他這年紀，所以我們自動避開這個話題。

教練全美國趴趴走，上課演講談籃球、跟大眾講解成功金字塔、教小孩子打籃球。他寫書、到波利球館看UCLA的主場賽事、廣泛參與慈善活動。他還跟孫女婿克雷格・嚴培曼合作，為孩童舉辦「金字塔成功營」。嚴培曼曾當過UCLA的助理教練。伍登的孫女兒克莉絲蒂——即嚴培曼的妻子——終於成功說服他停止參與營隊事務時，他已經九十八歲。

同一年，亦即二〇〇八年，教練再次讓我們心驚膽跳。那次史賓努去探望他，發現九十八歲的教練躺在地板上，原來前一天晚上十點左右他不小心跌倒，手腕和鎖骨都斷了，整晚躺在地板上。史賓努問他那段時間都做些甚麼，他回答說：「有時候哭，有時候笑。」聽到相關消息後，我特別留意多去探望他。

很明顯，他比我們不願意看到的虛弱多了。我已經開始給自己心理建設，預備他的死亡到臨，但這多半只是我的一種理性練習。感情上，我根本無法說服自己，他會從我生命中消失不見。

跌倒事件之後，一切的發展每況越下。

二〇〇九年，《體育新聞》雜誌選出了美國體育史上五十位最頂級教練，名列第一的正是伍登教練，接下來是文斯．隆巴迪（美式足球教練）、大熊布萊恩特（美式足球教練）、菲爾．傑克森（NBA芝加哥公牛和洛杉磯湖人隊名教練）。為表示對他的尊敬，《體育新聞》在他最喜歡的餐廳裡的「約翰．伍登廳」舉辦午餐宴會。UCLA的教練班恩．豪蘭特、UCLA體育部主任丹恩．格雷羅、馬奎斯．約翰遜、安迪．希爾、我和伍登教練坐在同一桌。其他前球隊球員——包括賈摩爾．威爾克斯、肯尼．海恩茲、麥克．華倫、阿倫，以及嘉利．肯寧漢——也出席了盛會。那一天大家不停提到的笑話，是有多少個伍登的球員不小心被天花板上的水晶吊燈打到頭。

教練九十八歲了，而他這天的表現的確像個九十八歲老人家。對來賓講話時，他聲音微弱，各人身體前傾專心聆聽。有一刻他停頓太久，讓人不安。從他臉上看得出來，他思路亂了套，努力找尋想說的話。最後，他坦率面對自己的失態，說：「年紀越大，你的記憶變得有點糟糕，但還有更多其他事情更糟糕呢。」這不是他第一次在公開場合發生問題了。幾個月前，他在講台上演講，講題是成功金字塔。他演講時從來不會預先將講詞寫好，照本宣科，而喜歡發自內心，從他浩瀚如海的記憶庫裡，隨心所欲地引述詩句或文學金句以說明他的觀點。那天他開始背誦一首詩，忘詞，重新開始，句與句間出現令人痛苦的停頓。觀眾已沒在意他要說甚麼了，大家眼含淚水，深表同情。當他演講完畢後，他們全體站立用力鼓掌，熱烈程度是我平生僅見的。之後，他和我談起發生的事。教練知道他有時會苦於掙扎，已不覺得尷尬。我問他對觀眾的反應作何感想，他聳聳肩說：「啟發觀眾的熱情和啟發他們成功，也同樣重要啦。」

我帶著他這句話去參加那天的午宴，看著伍登的前球員一個接一個上台，讚頌我們的教練兼朋友。輪到我的時候，我告訴大家：教練對我的人生帶來多麼大的影響，他如何帶領我做出抉擇，協助我成為一個成熟的球員還有基本上，成為一個成熟的人。但豪蘭特說出了我們所有人的心聲：「他是有史以來最好的老師。他的誠信、生活方式，是我們所有人的楷模。」

到了接受獎項致詞時，教練始終如一地謙卑：「老實說，沒有人能夠成為最佳教練的，沒有人。」他的得獎致詞十分精彩，但接著他停了下來，只站在那裡環顧眾人，慢慢注視著專程前來向他致敬的每一個人，這些他深愛著、他們也同樣深愛他的人。他還能說甚麼我們仍未聽過的話呢？「各位，」他說：「我犯了一個錯誤。」

我感到胃裡一陣抽蓄。他又心神恍惚了嗎？是否忘記了想說的話？

「我的成功金字塔有個錯誤，」他說：「我忘了將『愛』這個字放上去。而愛，是我們語言和文化裡威力最強大的一個字。」他繼續加以補充：「我也想跟你們每一位致歉。」

這些年來，我已不曉得聽過伍登幾百次的談話了，這可不是他平常的說話方式。他注視我們的樣子，像極了在吃感恩節大餐時長輩看著他的小孩，要給他們示範正確的道謝方式似的。而從他平穩的眼神看得出來，他要說的正是他想說的。

我看了看周圍的人，看到許多偉大的職業運動員，看到醫生和律師，教師、教練和成功的企業家。房間裡站滿了成就斐然的人。但我試著想像教練所看到的，突然明白他看到的不單是我們事業有多成功，而是將他的教導融入我們的生命裡，成為快樂、幸福的人。

那一天宴會廳裡充滿了愛，不只是為了他，也在我們其他人之間。我們了解我們是幸運的一群，有幸能分享這份珍貴的禮物。伍登教練改變了在場每個人的人生，因為他，我們得以成為更好的人。那麼，他到底在道甚麼歉呢？

他望向我們，臉上充滿愛、自豪但夾雜著一絲遺憾。「我真的很抱歉，」他說：「我未能做更多來幫助你們。」

我身邊立刻響起抽鼻子的聲音。但大家竭力壓抑哭泣聲，害怕打斷也許是他最後一次的講話，拚命忍耐著直到他講完。

他發表完所有的感想後，大家再也忍不住了，全跳起來，用盡力氣鼓掌，終於掩蓋了我們的啜泣聲。隨後眾人衝到他身邊，親他、抱他。我們也互相擁抱。在那珍貴的光輝片刻，我們成為了他想像中大家相親相愛的大家庭。

可是一整天活動下來，教練累壞了。午餐宴後他接受ESPN採訪時，偶爾會詞不達意，感到困擾和尷尬。這天過後，南恩拒絕再讓他出席任何公開活動了，她決心要保護他的形象。

最後那幾個月，他的日常生活程序十分簡單：看電視新聞，也許看看體育節目，在小窩裡睡個午覺、閱讀、睡覺。我問他會不會覺得疼痛，但他說雖然他有很多健康問題，但疼痛倒不是其中之一。我選擇相信他。

伍登不只善於引用詩句，他也很喜歡寫詩，經常為了紀念家裡某件事而寫詩：小孩子的出生或有人結婚。他沒有把自己放到跟他喜歡的詩人同一等級，而只自認為是個熱心的業餘詩人，那是他表達對家人的愛意的方法。「講一些好話好好湊在一起，對我而言已經夠好，」他曾經這樣形容他寫的詩。他生命中最後幾年將他的詩結集成書，打算留給家人作紀念。他計畫收集一百首，涵蓋信仰、家庭、愛國、自然以及樂趣等題材。其中一首的題目是〈關於友誼〉：

偶然情緒低落時，接到朋友的關切
然後
憂煩離我而去，心情便也
好轉。
任憑醫師舌燦蓮花，研究
層出不窮，
但心情低落時，最佳良藥
仍是朋友的一句親切話語。

在最後那些天崩地塌的歲月裡，他的家人、過去的球員門生或我——我們全使盡全力，嘗試成為那一帖良藥。

他生命的最後歲月裡，伍登對死亡的想法十分的哲學化。談到死亡時，彷彿它只不過是個不很方便的約會而已，也許像換輪胎那樣，是個惱人的事情，但毫不足懼。

「我不害怕死亡，」一個下午我們在他的小窩聊天時他說。我當然沒想挑起這個話題。

「噢？」我說，十分不安。我根本不想討論這題目。

我們正在看大學籃球賽。我盯著電視螢幕，希望這個對話趕快結束。

「前幾天他們問我在UCLA的紀念碑，我想要的樣子。」

「噢？」我重複說，覺得像個父母突然要念遺囑給他聽的小孩子。太快了！太快了！我很想大聲尖叫。

「實情是，我想我一直沒有從奈麗的離世中恢復過來。大概沒有。所以，我不怕死，因為我將會跟她重聚。」

「你當然會，教練，」我說。

「馬克吐溫說過：『對死亡的恐懼來自對生命的恐懼。一個人如果過得十分充實，就會準備好隨時死亡。』」他停頓了一下：「我說的對不對？」他大聲說，但顯然只是說給自己聽。然後他點點頭，很滿意句子引述正確：「我想不出還有誰的一生過得比我更充實了。」

「我也想不到還有誰。」

他看過來，對我微笑：「當然囉，你還有很多時間打敗我。」

「這不是比賽，教練。」

他沒說話，頭轉回去繼續看球賽，好像我們剛才的對話從未發生過似的。也許在他心中我們沒交談過。那段談話已隨著其他被遺忘的回憶，一起被沖到海上，慢慢飄離海岸了。但在我心中，這段對話難以忘卻。我不禁想著，未來到了我生命快結束的時刻，我是否能夠像他那樣心滿意足地說，沒有人的一生過得比我更充實。

我將永遠記得我願意接受他快要死去的精確時刻。是的，我們討論過死亡，但我們的談話方式不是很認真的，好像是他在計畫中的一趟暑假郵輪之旅而已。我當然也看到他令人不安、身體逐漸衰弱的徵兆。但由於他的態度正面，引用積極勵志的金句，且極少抱怨，在在使我一廂情願地相信，他可以打敗這個生命時鐘。

大概在他最後一次進醫院的兩星期前，艾瑞克森、伍登教練和我參加一個活動，就是向黑人棒球聯盟的球員、裁判以及經理人致敬。我所知道的一切關於黑人聯盟的歷史全部經由閱讀而來，但伍登還真的跟一些黑人職籃球員比賽過。而雖然致敬晚會上他說的故事從前已經聽過，我還是聽得津津有味，談到黑人運動員時，他永遠懷著尊敬和欣賞之情，聽眾中的黑人運動員盡皆為之動容，對於一眾前輩為我們開拓出如此坦途感激不已。

那個晚上活動甚多，伍登和我沒太多機會交談。我坐在職棒傳奇威利．梅斯身旁，整整三個小時都在跟他聊天，幫他送出簽名球給粉絲，讓我十分興奮。活動結束準備離去時，有人跑來跟我說教練想跟我道別。我下意識地假定他一如既往在活動結束時跟我聊幾句近況，道聲晚安。

我錯了。他坐在輪椅上，神情委頓，這次活動把他累壞了。我們移到會議廳的角落，單獨談話。「我只是想跟你聊一聊，」他說。突然之間，我明白他是真的要跟我道別了，這將會是我最後一次見到他，我就是曉得是這樣。某個程度，我懷疑他也知道將會如此。我情緒如潮湧，深深吸了一口氣，勉力維持鎮靜。

「卡里姆，小孩都好嗎？」他問。

我往他靠近以聽得更加清楚。「很好。阿摩在醫院，經常要值大夜班。」

「家裡有個醫師很好呀，幫你省下不少保險費用。」

我告訴他其餘幾個小孩的近況，他們各自為自己的前途奮勇前進。我不想顯得太驕傲，但聲音無疑已聽得出來了。

「你呢？最近都在忙些甚麼？」其實上回我們見面聊天時，他已經知道我的近況，似乎他只是想繼續我們的談話，希望這一刻能儘量拖久一點。我也希望如此。

我再告訴他關於我的寫作計畫、參與的電影、想寫的書和文章，還有透過文字表達自我所得到的喜悅。

「閃電和螢火蟲的分別，」他說。他已不需要將整個句子說完了。

「每次我坐下來寫東西時，我都會想到這句話，」我告訴他，而這是真的。有時坐在電腦前為了某個字詞煩惱，我就聽到教練的聲音說，「路易斯，這是閃電還是螢火蟲？」

然後，從他身體陷進椅子裡的樣子，誰也看得出他已太疲憊了，難以繼續談話。按慣例我們拍了一張合照，互相叮嚀很快要再聚會聊天。但當我離開時，淚水在眼眶中流轉，沉重地感覺到這將不會發生。

接下來幾個月，伍登進出了醫院好幾次。他家人在病房裡的冰箱上貼了張「拒絕施行心肺復甦」聲明。他的健康已退化到一個地步，他說話時很難聽得明白，他也經常認不出探病的訪客來。最後，二〇一〇年五月二十六日，伍登因為脫水問題回到隆納雷根ＵＣＬＡ醫學中心。

知道這個消息時我人在歐洲。同時我也被告知，這次他撐得過去的機會十分渺茫。他九十九歲了，只差幾個月就足足一百歲。我立刻飛回家，從機場直接開車到醫院。醫院的環境我很熟悉，因為剛在一星期前，前UCLA隊長、後來當過總教練的哈薩德才因癌症在這裡病逝。此外，阿摩因外科醫師訓練的關係，曾在醫院的創傷科排班實習。當我快步走過如迷宮般的通道時，內心悲喜交雜，一方面我兒子在這裡表現出色，讓我們備感光榮；另方面，親如我父的教練正處於臨終階段。伍登一定會說：「保持平衡，穩住，路易斯，穩住。」但我那時那刻情緒就是難以穩住。

他們給教練施打了鎮靜劑，他在昏睡但仍活著。那是二〇一〇年六月四日的事。我覺得很幸運能及時趕回來。其實我需要見他一面多於他需要見我一面。南恩在病房裡，努力擠出一絲笑容，但我們已經不需要討論病情了。我很清楚；大家都很清楚。我甚至不確定教練是否知道我在那裡。我伸出手，放在他的手上，彎下身子，俯身在他上方以爭取一點點的隱私，跟他說：「謝謝你，感謝你給我的一切。」然後我小聲唸了幾句穆斯林祈禱文：「我們確實屬於真主。我們確將回歸於祂。平安及賜福。」

之後，我在病房內陰影處坐了一小時。醫生和護士進來，完成任務後離開。一個人獨自坐在醫院病房內、等待你的代理父親離世時，會想些甚麼呢？我在心中重現了和伍登前幾次會面的情境，仔細回味著每一段對話，確定他知道我對他的感覺，怪自己沒多點陪伴他，也許沒成為更符合他期待我會成為的人。但我又看向躺在病床上的他，心中立刻感到一陣平和。我想我已成為他希望我會成為的人。我按照自己選擇的路走下去，而這就是他對我的所有要求。我養兒育女，教導他們要善良和富同情心。每當見到不公平的事情時，我會極力爭取公平。我依照他的金科玉律而生活：「多關心你的人格而非你的名聲，因為你的人格才是真正的你，名聲只是其他人想像中的你。」

下午三點半我站起來，跟他的家人說再見，然後離去。

一群學生聚集在醫院門外。他們十分年輕，伍登當教練時肯定還未出生，可他們現在站在那裡，為他守夜。

* * *

傍晚六點鐘，我在家裡聽著新聞廣播，突然他們宣布「ＵＣＬＡ傳奇教練約翰．伍登逝世了。」醫院門口的幾百個學生被告知伍登過世的消息時，為了向他致敬，依照「ＵＣＬＡ棕熊八擊掌」方式拍手，接著默哀片刻。

他沒有太多遺憾，除了一些來不及跟奈麗一起完成的心願。至於他自己，唯一沒實現的夢想，他說，是獨自駕車環遊美國，看看所有的名山大川。這個心願蠻能顯示他那永無止境的好奇心，還有他的生活態度：他活了快一百歲了，卻還覺得時間不夠用。

新聞剛播出，我的電話立刻響起。「他是個偉大的老師，十分擅長打造人才，」我告訴一位記者：「籃球只不過是他教化我們的工具，驅使我們坦誠面對自己的人格。我們在球場上學到的東西，確確實實被應用到日常生活裡。」接著的星期日，我去史坦波中心觀看NBA總決賽的第二戰。有個記者問我有何感受，我說：「必須試著保持平衡，繼續生活下去。」

諸如此類，等等等等，我只不過是重複著伍登的話，滔滔不絕地宣揚他的哲學，簡直是讓他上了我身。這是大家想聽到的東西。公開時讚美，私下裡再哀悼吧。他們不想聽到我的世界變得如何灰暗，內心如何麻木，在家裡獨自飲泣。他們要的是積極向上、啟發人心的回應。他們想要聽到的，是教練會說的話。我盡量配合他們，要刊登就刊登神話吧。

伍登過世後三星期，大家為他舉辦了一場追思會，幾位他以前的球員應邀在會上講話。時間讓痛苦稍微減退，但失落感依然濃重。為這場追思會做準備，是我有生以來最困難痛苦的經歷之一。我想讓談話簡短且聚焦在教練身上，但一提到他，就很難避免不談到他對我這一生的影響。

追思會在波利球館舉行，大概有四千人出席，包括印地安那州馬丁斯維爾的市長。伍登曾是當地的高中籃球明星。坐在那裡等待上台致詞時，我環顧四周，忍不住想起發生在這建築裡的許多重要時刻，那些我和伍登教練人生中的重要時刻。第一次來到這裡時，地板都還沒有整理好，可現在，球館屋頂椽架上懸掛著一排排的冠軍旗子。教練帶過的球隊在這個建築裡的紀錄是不可思議的一四九勝二敗，曾經調教出十七位全美大學明星球員、二十四個NBA球員。這樣的主場優勢可真不是蓋的，這是我們的主場，我們的家。

好幾個人在我之前向他致敬。林恩·沙克福特說出了我們的心聲：「我們曾經擁有這麼一個導師，你可以隨時跟他請教……長達四十五年。我寫電郵給麥克·華倫，跟他說：『我覺得很奇怪和不習慣。』而他說：『對，我也是。』麥克的回信中說：『我覺得好像在大海上游泳的小孩子。原本一切十分平靜，突然間卻狂風巨浪，天搖地動。』

「然後我就想，教練會怎麼說：『噢，得了吧，別廢話了，沙克。這種事情每天都發生，沒啥大不了的。你應付得來的，你知道該怎麼做。老天，活著就勇往直前吧！』」

我們事前並沒有討論過各自要說甚麼，但神奇的是，大家都提到從他那裡學到的東西，而不是贏了多少場球賽。每一個人都這樣。剛巧經過的路人甲聽到我們說的話，如果不知道我們說的是誰，會以為我們在向一位偉大教師致敬，發現他還當過籃球教練時或許大吃一驚。輪到我時，我清了清喉嚨說：「教練的價值觀來自一個不同的年代，那時候的美國已成歷史。我覺得那是為甚麼會有那麼多人受到教練學說的激勵和啟發。他和他信念中的道德本質淵源深厚，部分來自他父親，加上他傳達概念、教導我們的能力，給我們提供了這個時代需要的答案。他作為老師、教練、導師和父親的成功，在在證明了他在生活中的智慧。」

那天我們回家時十分失落，知道大家生命中的溫柔獅子再也不會回來。

有趣的是，雖然伍登的智慧透過他的著作、成功金字塔和課程而繼續廣為人知，偶爾卻出現一些另類的提醒。追思會過後還不到一年，波利球館將要休館，全面改裝。球館暫停運作前的最後一場比賽，沒有排名的UCLA對上當時全美排名第十的阿利桑納野貓隊，輕易獲勝。而在UCLA隊上有一位板凳球員，恰巧是伍登的曾孫泰勒·特拉潘尼。參加球隊三年以來，泰勒很少有機會上場打球，連一分也未得過。但由於這場比賽勝負早定，UCLA的豪蘭特總教練讓板凳球員上場。時間只剩下幾秒鐘了，UCLA一個球員投了個三分球，完全投歪了，球卻意外地落到泰勒手裡。他立刻將球往籃框一丟，籃球悄無聲息地穿過籃框，觀眾則沒那麼安靜，他們用力跺腳，製造聲響，十分滿意休館裝潢前的最後得分者是一個伍登家的人。

在伍登的晚年，豪蘭特教練和他成為很要好的朋友。那場比賽過後，他在更衣室裡忍不住哭起來，解釋說：「我經常祈禱……特拉潘尼投進那一球對我是多麼意義重大，你無法明白的。你無法寫出更好的劇本了。」

有些人的人生是無法精確形容的，因為認識他的人各有不同解讀，有時甚至出現相互矛盾的說法，有點像那個瞎子摸象的故事。五個眼睛瞎了的人摸到同一頭大象，事後要他們形容摸到甚麼時，「像一條蛇，」摸到象鼻的人說。「一個大水壺，」碰到象頭的瞎子說。「一個犁，」其中一人邊摸著象牙邊說……之類之類的。但是，伍登教練教人驚異的是，不同的人對於他的解讀居然十分一致。歷史會記得他那前無古人的體育成就。他的家人、朋友和他的球員則會記得他最喜歡掛在嘴邊的「停止自私，快樂便開始。」並且將之融進日常生活中。

跟年輕團體演講時，教練經常派發一張小卡片給他們，卡片上印著「伍登的體育精神誓詞」，之後他會請他們跟他一起將誓詞唸出來：

我會保持風度，無論輸贏。
不哀嚎，不抱怨或找藉口。
我會永遠嘗試，百分之百
每次比賽皆全力以赴。
這份運動精神誓詞將激勵出我的最佳表現。
伍登教練教會我如何成功。

簡短的誓詞，已經涵蓋了他在運動方面所有教導的精華。問問任何一位曾跟他學過怎樣正確穿襪子的籃球員，他會點點頭說：「對啦，這是他寫的沒錯啦。」

但我卻覺得，有一首小詩更能定義伍登教練，這不是他教導別人用的話語，而是用作提醒自己的句子。詩的作者已不可考，但教練真的很喜歡這首詩，喜歡到運動飲料開特力請他拍了個電視廣告，內容就是他對著鏡頭親口念這首詩。如果有人想知道伍登教練站在他的球員、家人或朋友面前時到底會想些甚麼，其實就是這首小詩了：

〈跟隨我的小傢伙〉

我必須小心又謹慎；
有個小傢伙跟隨我。
我曉得我不敢走歪路；
怕他跟著同樣做。
他認為我是個好傢伙；
相信我說的每個字。
不能讓他看到我的卑劣；

這個跟隨我的小傢伙。
我必須繼續小心又謹慎；
走過夏天陽光冬天冰雪。
因為我在塑造，未來多年後；
這個跟隨我的小傢伙。

我將永遠驕傲又自豪地說，我也是眾多跟隨他的小傢伙之一；整整七呎兩吋高的小傢伙。

二○○九年教練和我在他家裡留影。似乎他想看看比我高是甚麼樣的感覺。
（照片提供：Deborah Morales）

誌謝

這本書裡記錄的回憶，花了伍登教練和我差不多五十個年頭累積而成。但要將回憶採集整理成能夠呈現給大眾的模樣，卻需要一個盡心盡力的團隊。我深深感謝 Nan Wooden（南恩・伍登）無數次的幫助，協助我喚回所有的回憶。我也要謝謝編輯 Gretchen Young 的坦率以及堅定不移的支持，讓這本書得以保持個人風格，也要感謝 Gretchen 的助手 Katherine Stopa 對這個計畫的一切協助。感謝我的圖書經紀人 Frank Weimann 的努力，使這本書得以成真。要感謝我的業務經理黛博拉・莫拉雷絲（Deborah Morales）的願景和對我的指導。畢竟激發我寫這本書的照片是由她拍攝的。我要謝謝 Raymond Obstfeld 的編輯專業，他對我能成功成為作家至為關鍵。最後我必須感謝提供那些原先沒人看過、關於我過往人生的照片的下列諸位：Norm Levin、Roland Scherman、Don Liebig、Neil Leifer、David Kennerly 以及 Billy Ray。

中英名詞對照表

人物

三至五畫

大熊布萊恩特　Bear Bryant
山姆・基爾伯特　Sam Gilbert
丹恩・格雷羅　Dan Guerrero
巴勃・馬庫次　Bob Marcucci
文斯・隆巴迪　Vince Lombardi
比莉・哈樂黛　Billie Holiday
比爾・史威克　Bill Sweek
比爾・華頓　Bill Walton
比爾・蓋茲　Bill Gates
比爾・羅素　Bill Russell
以利亞・穆罕默德　Elijah Muhammad
加利・肯寧漢　Gary Cunningham
卡修斯・克萊　Cassius Clay
卡爾・史篤斯　Carl Stokes
史帝夫・艾利克森　Steve Erickson
史帝夫・派特森　Steve Patterson
史萬・雷塔　Swen Nater
史摩基・羅賓遜　Smokey Robinson
布魯斯・史普林斯汀　Bruce Springsteen
瓦特・哈薩德　Walt Hazzard
皮吉・林伯特　Piggy Lambert

六至十畫

休・奧白萊恩　Hugh O'Brian
安迪・希爾　Andy Hill
安哲羅・凱亞雷羅　Angelo Chiarello
安德魯・拜納姆　Andrew Bynum
米克・林恩　Mike Lynn
米爾斯兄弟　Mills Brothers
艾弗里・布倫戴奇　Avery Brundage

艾倫・狄珍妮 Ellen DeGeneres
艾格・培里 Edgar Perry
艾靈頓公爵 Duke Ellington
西德尼・威克斯 Sidney Wicks
西西莉・泰森 Cicely Tyson
亨利・文戴克 Henry Van Dyke
亨利・羅素・山達斯 Henry Russell Sanders
佛列地・史托庫普 Freddie Stalcup
佛雷・阿斯坦 Fred Astaire
克倫斯・瓦克 Clarence Walker
克莉絲蒂 Christy
克雷格・嚴培曼 Craig Impelman
克蕾・妮克森 Cori Nicholson
利波提・華倫斯 Liberty Valance
李察・萊特 Richard Wright
杜波依斯 W. E. B. DuBois
沃爾特・克朗凱特 Walter Kronkite

狄恩・史密斯 Dean Smith
貝西伯爵 Count Basie
里德・奧爾巴赫 Red Auerbach
里德・霍爾茲曼 Red Holzman
亞瑟・肯尼 Arthur Kenny
奈・萊利 Nell Riley
奈特・杜納 Nat Turner
奈麗 Nellie
帕姆・格里爾 Pam Grier
帕特・萊利 Pat Riley
拉利・法瑪 Larry Farmer
拉里・科斯特洛 Larry Costello
拉里・霍姆斯 Larry Holmes
拉法・約翰遜 Rafer Johnson
拉爾夫・本奇 Ralph Bunche
拉爾夫・沙皮洛 Ralph Shapiro
東尼・史賓努 Tony Spino

林恩・沙克福特 Lynn Shackelford
林恩・沙克福特 Lynn Skackelford
法雷爾・霍普金斯 Farrell Hopkins
法蘭・仙納度拉 Frank Sinatra
肯尼・海恩茲 Kenny Heitz
肯尼・海恩茲 Kenny Heitz
肯尼・華盛頓 Kenny Washington
肯尼・華盛頓 Kenny Washington
肯努特・洛尼 Knute Rockne
肯特・泰勒 Kent Taylor
肯提・庫倫 Countee Cullen
芝恩・赫伯特 Jean Herbert
阿摩 Amir
南恩 Nan
哈瑪斯・阿布都・卡利斯 Hamaas Abdul Khaalis
哈碧芭 Habiba

威利・拿奧斯 Willie Naulls
威利・梅斯 Willie Mays
威廉・巴瑞特 William Barrett
威爾特・張伯倫 Wilt Chamberlain
查克・泰勒 Chuck Taylor
查爾斯・楊格 Charles Young
柯蒂斯・羅威 Curtis Rowe
約書亞 Joshua
約翰・伍登 John Wooden
約翰・卡洛斯 John Carlos
約翰・艾克 John Ecker
約翰・克拉克 John Clark
約翰・迪林傑 John Dillinger
約翰・偉恩 John Wayne
約翰・華里 John Valley
約翰・路易斯 John Lewis
胡佛 J. Edgar Hoover

埃瑞克・克萊普頓　Eric Clapton
埃爾文・海耶斯　Elvin Hayes
埃爾德里奇・克萊弗　Eldridge Cleaver
埃德嘉・雷斯　Edgar Lacey
埃德蒙・伯克　Edmund Burke
朗費羅　Longfellow
格力・李依　Greg Lee
桃樂絲・范恩　Dorothy Vaughn
泰勒・特拉潘尼　Tyler Trapani
特利・索費爾特　Terry Schofield
班恩・豪蘭特　Ben Howland
納特・「甜水」・克里夫頓　Nat “Sweetwater” Clifton
馬奎斯・約翰遜　Marques Johnson
馬奎斯・約翰遜　Marques Johnson
馬科斯・加維　Marcus Garvey
馬修・麥康納　Matthew McConaughey
馬庫斯・海恩斯　Marcus Haynes
馬爾坎・X　Malcolm X

十一至十五畫

基西・艾瑞克森　Kieth Erickson
強尼・格林　Johnny Green
強尼・斯普厄特　Johnny Sproatt
強尼・摩亞　Johnny Moore
強尼・戴普　Johnny Depp
梅琳達　Melinda
梅爾・特里普列特　Mel Triplett
雪柔　Cheryl
麥可・喬丹　Michael Jordan
麥克・凱利　Mike Kelly
麥克・華倫　Mike Warren
傑夫・肯特　Jeff Kent
傑夫・普魯　Jeff Prugh

傑克・唐納修 Jack Donahue
傑利・諾曼 Jerry Norman
傑利・羅曼 Jerry Norman
傑基・羅賓森 Jackie Robinson
凱伯・凱洛威 Cab Calloway
勞勃・狄尼洛 Robert De Niro
勞勃・瑞福 Robert Redford
喬・加拉吉奧拉 Joe Garagiola
喬・拉普奇克 Joe Lapchick
喬・拿瑪斯 Joe Namath
喬・路易斯 Joe Louis
喬治・艾倫 George Allen
喬治・麥肯 George Mikan
喬治・黑杜克 George Hejduk
湯米・史密斯 Tommie Smith
湯姆・布拉德利 Tom Bradley
湯姆・漢克斯 Tom Hanks
湯瑪士・哈代 Thomas Hardy
湯瑪斯・葛蕾 Thomas Gray
舒爾比・斯益克 Shelby Shake
菲爾・傑克森 Phil Jackson
塞薩・伊茲圖瑞斯 César Izturis
奧斯卡・羅伯森 Oscar Robertson
奧維爾・雷頓巴克 Orville Redenbacher
當恩・約翰遜 Don Johnson
詹米・李・傑克遜 Jammie Lee Jackson
詹姆・布朗 Jim Brown
詹姆斯 James
詹姆斯・史都華 James Stewart
詹姆斯・邦納德・福勒 James Bonard Fowler
詹姆斯・鮑德溫 James Baldwin
賈摩爾・威爾克斯 Jamaal Wilkes
路易斯・阿爾辛多 Lewis Alcindor
路易斯・阿姆斯特朗 Louis Armstrong

道格拉斯　Lloyd C. Douglas
嘉利・肯寧漢　Gary Cunningham
漢克・亞倫　Hank Aaron
蓋爾・古德里奇　Gail Goodrich
蓋爾・古德里奇　Gail Goodrich
赫伯特・穆罕默德　Herbert Muhammad
德格・麥金託殊　Doug McIntosh
魯・卡尼斯卡　Lou Carnesecca

十六畫以上

盧雪斯・阿倫　Lucius Allen
穆罕默德・阿里　Muhammad Ali
諾姆・尼克遜　Norm Nixon
諾曼・洛克威爾　Norman Rockwell
鮑勃・霍普　Bob Hope
邁爾士・戴維斯　Miles Davis
戴安娜・羅絲　Diana Ross
戴爾・布朗　Dale Brown
黛博拉・莫拉雷絲　Deborah Morales
薩發　Don Saffer
羅伯特・布朗寧　Robert Browning
羅伯特・佛洛斯特　Robert Frost
羅傑・梅鐸　Roger Murdock
蘭斯頓・休斯　Langston Hughes

地點

五至十畫

加州大學洛杉磯分校　UCLA, University of California--Los Angeles
包亞紀念高中　Power Memorial Academy
布朗克斯區　Bronx
布魯克林男子高中　Brooklyn's Boys High School
印地安那州立師範學院　Indiana State

Teachers College

米沙瓦卡中學 Mishawaka High School

明尼蘇達大學 University of Minnesota

波利場館 Pauley Pavilion

門斯山特魯中學 Muncie Central

阿次賽高中 Alchesay High School

南班德中部中學 South Bend Central High School

迪馬塔高中 DeMatha High School

韋斯特伍德 Westwood

修道院藝術博物館 Cloisters

馬丁斯維爾 Martinsville

馬里布 Malibu

高遜中學 Goshen High School

十一畫以上

斯內尼克塔迪 Schenectady

普渡大學 Purdue University

路易維爾 Louisville

塔山那 Tarzana

嵩伯格黑人文化研究中心 Schomburg Center for Research in Black Culture

愛德蒙佩特司橋 Edmund Pettus Bridge

聖約翰大學 University of St. John's

聖海倫娜高中 St. Helena's High School

聖猶達文法學校 St. Jude's grammar school

聖費爾南多谷 San Fernando

聖道小學 Holy Providence School

戴頓大學 University of Dayton

戴頓市 Dayton

薩瓦舞廳 Savoy Ballroom

薩爾瑪市 Selma

影視媒體

《小子難纏》　The Karate Kid
《小淘氣》　Little Rascals
《手札情緣》　The Notebook
〈月光奏鳴曲〉　Moonlight Sonata
《冰上的靈魂》　*Soul on Ice*
〈在鄉下教堂墓地寫下的輓歌〉　Elegy Written in a Country Churchyard
《在巨人肩膀上》　*On the Shoulders of Giants*
〈如果〉　If
《艾德・蘇利文秀》　Ed Sullivan Show
《我的世界是甚麼顏色》　*What Color Is My World*
《空前絕後滿天飛》　Airplane!
《非理性的人：關於存在主義哲學的研究》　*Irrational Man: A Study in Existential Philosophy*
《屋頂上的提琴手》　*Fiddler on the Roof*
《飛車黨》　The Wild One
《棕熊日報》　Daily Bruin
《黑人勇氣檔案》　*Black Profiles in Courage*
《黑街神探》　Shaft
《聖袍千秋》　*The Robe*
《實用近代籃球》　*Practical Modern Basketball*
《豪門新人類》　The Beverly Hillbillies
《箭術與禪心》　*Zen in the Art of Archery*
《衝啊，老兄，衝！》　Go, Man, Go!
《戰火中的兄弟》　*Brothers in Arms*
《頭號公敵》　Public Enemies
《還鄉記》　*Return of the Native*
《叢林之書》　*The Jungle Book*
《雙虎屠龍》　The Man Who Shot Liberty Valance

《懷特・厄普》 The Life and Legend of Wyatt Earp
《關鍵少數》 Hidden Figures
《體育新聞》 Sporting News

其他

「血腥星期日」 Bloody Sunday
「伊斯蘭國族」 Nation of Islam
全美籃球協會 Basketball Association of America, BAA
全美校際體育協會 National Association of Intercollegiate Athletics, NAIA
匡威球鞋 Converse
印地安那考特斯基隊 Indianapolis Kautskys
「自由旅客」 Freedom Riders
「哈林文復隊」 Harlem Rens
「哈林文藝復興隊」 Harlem Renaissance
美國籃球協會 American Basketball Association, ABA
原創塞爾提克 Original Celtics
國家籃球聯盟 National Basketball League, NBL
「最出色球員」 Most Outstanding Player, MOP
開特力 Gatorade
「黑人工業經濟聯盟」 Negro Industrial Economic Union, NIEU
「黑人經濟聯盟」 Black Economic Union, BEU
「黑人穆斯林」 Black Muslims
「雷布朗三人組」 Ray Brown Trio
「預備役軍官訓練營」 Reserve Officers' Training Corps, ROTC
鍋爐工隊 Boilermakers

籃球
讓我成為更好的人

NBA 球星賈霸回憶傳奇教練伍登五十年亦師亦友的人生和教育啟示

作者	卡里姆・阿布都―賈霸（Kareem Abdul-Jabbar）
譯者	吳程遠
主編	劉偉嘉
排版	謝宜欣
封面	萬勝安
社長	郭重興
發行人兼出版總監	曾大福
出版	真文化／遠足文化事業股份有限公司
發行	遠足文化事業股份有限公司
地址	231 新北市新店區民權路 108 之 2 號 9 樓
電話	02-22181417
傳真	02-22181009
Email	service@bookrep.com.tw
郵撥帳號	19504465 遠足文化事業股份有限公司
客服專線	0800221029
法律顧問	華陽國際專利商標事務所　蘇文生律師
印刷	成陽印刷股份有限公司
初版	2019年5月
定價	320元
ISBN	978-986-97211-3-4

歡迎團體訂購，另有優惠，請洽業務部 (02)22181-1417 分機 1124、1135

國家圖書館出版品預行編目 (CIP) 資料

籃球讓我成為更好的人：NBA 球星賈霸回憶傳奇教練伍登五十年亦師亦友的人生和教育啟示卡里姆・阿布都一賈霸 (Kareem Abdul-Jabbar) 作；吳程遠譯.
-- 初版 . -- 新北市：真文化，遠足文化，2019.05
面；公分 --（認真生活；3）
譯自：Coach Wooden and me : our 50-year friendship on and off the court
ISBN 978-986-97211-3-4（平裝）
1. 阿布都一賈霸（Abdul-Jabbar, Kareem, 1947- ）
2. 伍登（Wooden, John, 1910-2010）3. 運動員 4. 教練 5. 職業籃球
785.28　108004718